El DATA WAREHOU

El Data Mining

El DATA WAREHOUSE

El Data Mining

Jean-Michel FRANCO
y
EDS - Instituto Prométhéus

Traducción y revisión
Amadeu Brugués

"Ouvrage publié avec l'aide du Ministere chargé de la Culture / Obra publicada con la ayuda del Ministerio francés responsable de la Cultura"

EDICIONES GESTIÓN 2000, S.A.

Título original: *Le Data Warehouse, Le Data Mining*
Autor: Jean-Michel Franco

Primera edición: Septiembre 1997
I.S.B.N.: 84 - 8088 - 203 - 4
Depósito legal: B - 36.444 - 1997
Traducción y revisión: Amadeu Brugués
Impreso por Romanyà-Valls, S.A.; Capellades (Barcelona)
Impreso en España - *Printed in Spain*

Prefacio

El Data Warehouse ha adquirido recientemente una importancia considerable. Siempre ha sido una herramienta de ayuda a la decisión, como el infocentro lo era para tomar decisiones de alto nivel. Pero actualmente es también una herramienta de uso cotidiano para directivos, en ámbitos como el *merchandising*, el servicio a los clientes, la gestión hospitalaria o el cálculo de riesgos financieros.

Pero la importancia del tema no debe ocultar los problemas a resolver para que el Data Warehouse cumpla sus promesas: delimitar y precisar el tema, extraer los datos de los sistemas de producción, filtrarlos, controlar su rendimiento, alimentar regularmente la base de datos con informaciones frescas, seguir la evolución de las necesidades de loss usuarios, etc.

El Data Warehouse puede aportar a una empresa una ventaja ante la competencia, y el carácter estratégico de esta herramienta se evidencia claramente en el estudio, donde cada tema presentado es visto en la perspectiva de un contexto de empresa, respecto a las necesidades, las competencias y a los medios de ésta.

Esta obra corresponde a una suma considerable de esfuerzos de estudio y análisis en el ámbito del Data Warehousing, a la experiencia de seminarios y de misiones de consultoría donde hay que responder a numerosas cuestiones, y a implementaciones operativas con clientes. Es el único estudio que conozco que pase tan bien revista al tema. El trabajo hecho por el Institut Prométhéus sobre el Data Mining es de un nivel tal que constituye hoy el único texto en español que puede servir de referencia, y que está al día respecto a los trabajos de investigación. El Institut Prométhéus forma parte del más importante SSII del mundo y trabaja sobre los temas conexos como los SGBD, la compatibilidad y las herramientas de *middleware*, así como sobre las interfaces de usuario: la competencia en estos ámbitos se nota y se muestra útil en este estudio.

Más allá de la pedagogía en el enunciado de los problemas a los que el Data Warehousing pretende responder y en la descripción de las técnicas, herramientas y arquitecturas, esta obra aporta numerosas observaciones críticas surgidas de la experiencia. Si yo hubiera dispuesto de una fuente de información así en 1995, cuando empecé a interesarme por el Data Warehousing, me habría ahorrado mucho tiempo y evitado algunos errores. Especialmente, habría sabido distinguir lo verdadero de lo falso en el discurso de los proveedores y situar cada oferta en el contexto de las tecnologías, con sus ventajas e inconvenientes intrínsecos.

Tras haberla leído hoy, no tengo más que una recomendación que hacer a los demás lectores. Como dicen los estadounidenses: *Enjoy!*.

Índice

SOLICITUD DE INFORMACION PERIODICA GRATUITA

Apreciado lector:

Le quedamos muy agradecidos por adquirir este manual, y deseamos que responda enteramente a sus necesidades.

Queremos informarle que de cara a posteriores actualizaciones de esta obra, podemos hacerle llegar información, sin ningún compromiso por su parte, siempre y cuando contemos con sus señas.

Por este motivo le rogamos que, en caso de estar interesado en recibir información periódica de nuestras publicaciones, rellene con sus datos y envíe esta tarjeta.

Nombre: ______

Apellidos: ______

Profesión: ______

Dirección particular ☐ o profesional ☐ e-mail: ______

Razón Social: ______

Domicilio: ______

Población: ______ C.P.: ______

Provincia: ______ País: ______

FUNCIÓN:

- ☐ Directivo
- ☐ Profesor
- ☐ Estudiante
- ☐ ....

DEPARTAMENTO:

- ☐ Dirección General
- ☐ Finanzas, Contabilidad
- ☐ Marketing
- ☐ Personal, Formación
- ☐ Producción
- ☐ Compras
- ☐ Informática
- ☐ ....

Título de la obra donde ha encontrado esta tarjeta: ______

Lugar de adquisición: ______

EDICIONES GESTION 2000, S.A.

Tel. (93) 410 67 67
Fax (93) 410 96 45
Comte Borrell, 241
08029 Barcelona

Índice de figuras

1 Introducción

Se están produciendo profundas transformaciones en nuestras empresas. Los desafíos de los distintos sectores económicos tienen en general como puntos comunes clientes cada vez más exigentes, cambios cada vez más rápidos y una competencia cada vez más fuerte.

Para hacer frente a estos desafíos e ir más allá de la reactividad, es necesario anticipar. Anticipar los cambios, anticipar las nuevas necesidades de sus clientes, anticipar respecto a la competencia. Para que esta anticipación sea eficaz, hay que disponer de informaciones pertinentes. Todas las empresas disponen de datos que provienen de sus sistemas operativos o bien del exterior. El problema de estas empresas es alcanzar los objetivos definidos por los desafíos de su sector sacando partido de los datos accesibles.

La empresa actual «se hunde» bajo los datos. Esta sobreabundancia (algunos hablan de diluvio) tiene como consecuencia directa un rechazo por saturación. Sin embargo, los datos representan una mina de informaciones. Son una ventaja de la que la empresa debe sacar partido. Para ello, resulta fundamental implementar una nueva informática de decisión para obtener una mejor comprensión del valor de las informaciones disponibles, definir indicadores de negocio pertinentes para facilitar la toma de decisiones operativas y conservar la memoria de la empresa.

Para responder a estas necesidades, el nuevo papel de la informática es definir e integrar una arquitectura que sirva de fundación a las aplicaciones de ayuda a la decisión. Esta arquitectura global es el Data Warehouse. El Data Warehouse ha aparecido estos últimos años tras la convergencia entre las nuevas necesidades en informaciones de las empresas y la capacidad de integrar e implementar tecnologías aptas para responder a ello.

«Un Data Warehouse no se compra, se construye.» El plan de este libro sigue esta lógica de construcción de un sistema de toma de decisiones. Se descompone en tres partes principales. La primera permite comprender el Data Warehouse y sus objetivos. La segunda aborda la implementación del Data Warehouse, especialmente las técnicas de modelado, el método de desarrollo y el referencial. Finalmente, la tercera y última parte describe los principales componentes tecnológicos de un Data Warehouse como las herramientas de alimentación, los sistemas de gestión de bases de datos (SGBD), las herramientas de ayuda a la decisión y las herramientas de Data Mining. Los capítulos detallan los temas siguientes:

◆ **El Data Warehouse: objetivos, definiciones y arquitecturas.** Este primer capítulo sitúa la informática de decisión en el contexto de la empresa y el mercado. La evolución actual de los entornos y organizaciones, ya sea a nivel de los mercados, individuos o procesos, foco de profundos cambios de negocio. Estas evoluciones se encuentran en la base de la informática de decisión. En este capítulo, se explicitarán las principales definiciones y las palabras clave asociadas. Se posicionan los diferentes componentes de un Data Warehouse en términos de arquitectura.

◆ **Las técnicas de modelados de decisión.** La estructura física de una base de datos de decisión no es en absoluto la misma que una estructura de base de producción. Hoy día se han definido nuevos modelos para responder mejor a las exigencias de decisión. Los más conocidos son los modelos en estrella y en copo. Este capítulo expone las razones de ser y los principios de estas técnicas de modelado.

◆ **El método de implementación.** El método de implementación de un proyecto de decisión es iterativo. Tema tras tema, la arquitectura funcional del Data Warehouse se construye sobre las infraestructuras tecnológica y organizativa. Este capítulo explica las diferentes fases de este método de implementación y justifica los componentes de la arquitectura desplegada.

◆ **El referencial.** La definición semántica de los objetos de negocio sobre los que los usuarios trabajarán es obligatoria. Los diferentes actores del Data Warehouse deben ser capaces de identificar de dónde vienen los datos, adónde van, cómo se

Metadato:
información que describe un dato. En un contexto de Data Warehouse, cualifica un dato precisando por ejemplo su semántica, las reglas de gestión asociadas, su fuente, su formato, etc.

organizan. Este referencial estructura el conjunto de los **metadatos** y es, pues, el punto focal de los usuarios y los informáticos. Es difícil de implantar debido a la falta de herramientas que se apliquen al conjunto de las necesidades.

◆ **Las herramientas de alimentación.** Constituir el Data Warehouse no es un fin en sí mismo: luego hay que refrescarlo periódicamente, darle vida y hacer que evolucione. Alimentar un Data Warehouse no es una operación puntual, sino uno de los procesos clave a implementar para el éxito del proyecto. Esta parte describe el problema y las diferentes alternativas del mercado susceptibles de ayudar a la automatización de esta fase.

◆ **Los servidores de informaciones.** Los motores de bases de datos deben evolucionar para responder a las necesidades del Data Warehouse. Esta parte prioriza las tecnologías integradas en los SGBD para responder a las necesidades específicas de la decisión, por ejemplo la gestión de grandes volúmenes y el acceso por peticiones de conjuntos complejos.

Clasificación:
técnica para el Data Mining. Existen dos tipos de clasificación:

◆ Clasificar elementos en clases conocidas (por ejemplo, los clientes buenos y malos). Se hablará también de aprendizaje supervisado.

◆ O bien agrupar los elementos que tienen comportamientos similares en las clases, desconocidas al principio. Se hablará entonces de *clustering*, de segmentación o de aprendizaje no supervisado.

◆ **Las herramientas de ayuda a la decisión.** Existen numerosas herramientas que permiten el análisis de una información y su transformación en conocimiento. Este capítulo presenta la tipología de los diferentes tipos de herramientas del usuario final, las tecnologías subyacentes y las respuestas que aportan. Distinguiremos dos categorías principales: las herramientas de consulta y las herramientas de análisis generalmente multidimensionales.

◆ **Las herramientas de Data Mining.** Estas herramientas permiten extraer conocimientos a partir de los datos. Esta nueva clase de herramientas parece muy prometedora. Integra las herramientas de visualización de datos, las herramientas estadísticas y las herramientas de **clasificación.**

Data Warehouse: objetivos, definiciones, arquitecturas

En Estados Unidos, todas las empresas se están dotando de un Data Warehouse. Según el Meta Group, el 95% del *top 500* de las empresas estadounidenses lo tienen ya o lo están ultimando. En España, nos encontramos actualmente a años luz de este estado de cosas. Ello se explica sin duda por un espíritu de competición más fuerte y una gestión de la confidencialidad de los datos muy «modesta» allende los mares. También proviene de la estrategia mundial de las empresas estadounidenses, de su voluntad de cobertura internacional y de la competencia exacerbada en numerosos sectores.

Para responder a la cuestión «¿Por qué un Data Warehouse?», hay que considerar el contexto de la empresa según tres ejes principales. El primero concierne a la información, el segundo a la empresa y el tercero al mercado. También hay que asociar a la respuesta la capacidad funcional y la potencia mejorada sin cesar de las tecnologías tanto del hardware como del software. Estas evoluciones hacen de los tratamientos pesados de la información algo posible y accesible.

En el análisis de los principales factores de cambio, insistiremos particularmente sobre el nuevo papel preponderante de la información, sobre la evolución del mercado y su impacto sobre la empresa.

FACTORES DE CAMBIO

La información

Nos encontramos actualmente sumergidos en la era de la información. En todos los sectores económicos, en todas las empresas, la información se convierte en «quien corta el pastel». Disponer de la información útil, tenerla en mayor abundancia que los competidores, tenerla preparada antes, disponer de ella en el momento en que el usuario la necesite en un formato comprensible y utilizable, éstos son los objetivos a lograr. Todas las técnicas y tácticas utilizadas por los grandes estrategas se basan en la información de que disponen. En ciertos sectores, algunos hablan incluso ya de desinformación. El ejemplo más clamoroso se da en Internet, donde el contenido de las páginas está adaptado en ocasiones al usuario conectado.

En una empresa, la información está constituida por una fuente principal y fuentes externas. La fuente principal proviene del sistema llamado «de producción». Esta información interna de la empresa es en sí una verdadera mina de oro. Se completa cada vez más con datos externos a la empresa, que representan un porcentaje global que alcanza el 20% en ciertos casos. Este porcentaje depende generalmente del nivel de ubicación jerárquica de los actores, pero también del nivel de la competencia en el sector considerado. Cuanto más arriba se encuentran en la empresa quienes toman decisiones, más compararán y analizarán estas cifras respecto a los cifras provenientes del sistema de producción de la empresa.

Tanto respecto a la información externa como a la interna, actualmente se presentan tres problemas: la sobreabundancia de la información, el hecho que sea difícilmente accesible y que sea no selectiva. Esta sobreabundancia, este diluvio de datos se ilustra por esta observación: «Se han producido más nuevas informaciones estos últimos treinta años que en el transcurso de los cinco milenios que nos han precedido». Asimismo, en cuanto a la accesibilidad y la selectividad de los datos, ciertas cifras estadísticas anuncian que el 27% del tiempo de un directivo, como promedio, lo pasa buscando la información, accediendo a ella y dándole formato. Ganar algunos puntos sobre este porcentaje tiene efectos directos sobre la productividad de una empresa. El problema mostrado aquí es doble: por una parte, seleccionar la información justa y útil y, por otra, referenciar esta información y almacenarla correctamente para ser capaz de recuperarla el día que se necesite. El beneficio de un sistema de decisión sólo será notable si la información es creíble, integrada, disponible en la forma deseada por el usuario, en el momento en que la necesite, sea cual sea el lugar donde se encuentre. Estas ideas aparecen en la famosa expresión «*Any*^{5}», del Patricia Seybold Group, materializada por Internet: **todas las informaciones deben estar disponibles, bajo cualquier forma, para lo que sea, en cualquier momento.**

La gestión y la organización de la información en un sistema de decisión son un éxito cuando el usuario afirma: «tengo la información, que es segura, me resulta comprensible y por tanto la utilizo.»

El problema sobre Internet sigue siendo sin embargo el filtrado inteligente de la información y la falta de organización de los caminos de acceso.

La empresa y su mercado

La empresa construye un sistema de decisión con el fin de mejorar su rendimiento. El Data Warehouse debe permitirle ser proactiva en su mercado, es decir, decidir y anticipar en función de la información disponible y capitalizar sobre sus experiencias.

Cada empresa se sitúa en un mercado, en un sector económico. De manera general, todos los mercados están en plena evolución; en ciertos casos, puede incluso hablarse de mutación. Los factores relacionados con estas evoluciones son la competencia, la competitividad y la complejidad. Por lo que respecta a la justificación del Data Warehouse, hay que tener en cuenta dos fuerzas externas: la competición y la personalización.

La competición

Para ilustrar la importancia de los desafíos, tomemos el ejemplo de la industria farmacéutica. Los costes de producción de un nuevo medicamento son actualmente diez veces más elevados que hace unos años, y hay que decir que el primer laboratorio en sacar un nuevo medicamento ocupa un 60% del mercado, el segundo un 25%, el tercero un 10%. Los últimos se reparten el 5% restante, que es tanto como decir que, para éstos, el esfuerzo de producción no se rentabiliza nunca.

La competición tal como se vive hoy en las empresas necesita comparar sin cesar el producto propio con la competencia. La sola visión del producto a través de las informaciones internas disponibles ya no basta. Hemos pasado de una orientación al producto a una orientación al mercado y esta visión de la competencia es fundamental en la actualidad. El objetivo es simplemente hacerlo mejor que los competidores. Los cuatro principales ejes de mejora de la situación de competencia son una mejor rentabilidad (que precisa a menudo inversiones más costosas), mayor rapidez en todas las etapas del ciclo de vida de un producto (diseño, realización, cadena de producción...), más innovación en los productos y los servicios asociados y, generalmente, un acceso más fácil para los consumidores a los productos y a los servicios.

En el marco del Data Warehouse, el aspecto de la competición se trata mediante la integración en el sistema de decisión de datos externos introducidos o adquiridos que caracterizan el mercado y la competencia. Esta integración, como veremos más adelante, es una fase muy compleja. El acercamiento entre los datos externos y los datos internos menudo presenta graves problemas semánticos que normalmente son difíciles, o incluso imposibles, de resolver.

La personalización

La personalización es la tendencia actual, que se añade a las cuatro tendencias sucesivas que hemos vivido en el tiempo: los precios, la calidad, el tiempo y los servicios.

En 1950, transcurrían de dos a tres años entre la solicitud de un utilitario y su entrega. ¡Hoy nos resulta imposible imaginar un retraso parecido!

En los años de posguerra, la economía estaba resueltamente orientada al producto. Las empresas no tenían problemas para vender lo que producían. Asimismo, se daba prioridad a la producción en masa para aumentar las ventas. La preocupación siguiente (en los años setenta) era mejorar la calidad de los productos. El consumidor quería el producto y la calidad. En aquellos años, aparecieron las primeras ideas sobre normas y estándares. Hacia 1980 se toma conciencia del factor tiempo, que exige profundos cambios en las organizaciones de las empresas y genera la automatización de un cierto número de procesos. Esta noción de tiempo se traduce a menudo en términos de reducción de plazos: plazo de diseño, plazo de entrega (*time to market, time to deliver*). Este objetivo de reducción de los plazos es aún hoy fundamental en los servicios. Todos los casos exitosos de *reengineering* priorizan ganancias importantes en la gestión del tiempo. La tendencia de los años noventa es la mejora de los servicios asociados al producto. Estos servicios se incluyen en la fase de compra del producto (servicios a los clientes, garantía...), o bien en la fase de uso de dicho producto por la incorporación cada vez más fuerte de inteligencia, a fin de hacer sus funciones más «accesibles».

La personalización es la tendencia actual. Su ambición es dar a cada cliente (usuario, consumidor, comprador...) la impresión de ser único. El desafío para las empresas es usted, soy yo en tanto que persona y no ya en tanto que representante de una categoría de población. Hemos llegado a una lógica de segmentación llevada al extremo, donde todos los vendedores deben reaccionar como los entrañables tenderos «de la esquina» que, cada vez que entrábamos en su establecimiento, nos llamaban por nuestro nombre, nos preguntaban por la familia y que, al conocer perfectamente bien nuestras costumbres y comportamientos, proponía productos adaptados a nuestros perfiles. Hoy, este comportamiento se «simula» por la información (la masa de datos) que el sistema asocia a un cliente. Para ilustrar esta simulación, tomemos el ejemplo de la empresa estadounidense Blockbuster, una de las mayores cadenas de venta de cintas de vídeo. Se propone al cliente apresurado (todos tenemos cada vez más prisa o creemos tenerla) una selección de diez cintas teniendo en cuenta los antecedentes y los hábitos de consumo. Este servicio constituye un valor añadido real para los clientes y ha generado para la empresa una mejora muy sensible de sus resultados, así como un aumento de fidelidad de sus clientes. Este micromárketing, llamado también márketing de precisión, permite:

◆ **Aumentar el rendimiento de las acciones comerciales y márketing.** Un márketing directo estándar da un rendimiento del 2 al 4%, mientras que un márketing directo orientado da un rendimiento del 10 al 20%. A título de ejemplo, un banco francés ha conseguido más de 2 millones de francos de ahorro anual, debido a la reducción de costes de impresión y envío, trabajando «simplemente» sobre la orientación de sus *mailings*;

◆ **Aumentar los servicios proporcionados.** El ejemplo de Blockbuster muestra bien que con el conocimiento de las costumbres de consumo de sus clientes, la empresa puede proponer un servicio innovador y útil basado en recomendaciones. Conocer los perfiles de consumo permite la realización de propuestas de servicios completamente adaptados y personalizados;

◆ **Mantener la fidelidad de la clientela.** Esta fidelidad puede conseguirse también por medio de los servicios que hacen más difícil el paso de un proveedor a otro. Este punto puede ser ilustrado por todos los nuevos servicios que se nos proponen regularmente (en cada factura) por Movistar o Airtel.

Se comprende así la formidable eclosión de los cuestionarios y las encuestas que recibimos regularmente, solicitando detalles sobre nosostros y sobre nuestro consumo. Debido a que toda empresa debe adaptar hoy sus productos a los clientes, la palabra clave es el conocimiento del cliente. Pero no todas las empresas están en contacto directo con el cliente, como les ocurre a los proveedores de tecnologías y de productos básicos, a los fabricantes, a los distribuidores al mayor, etc. Estas empresas deben buscar, pues, en el exterior la información sobre los clientes que usan directa o indirectamente su producto. Están a punto de aparecer formidables conflictos de intereses en el ámbito privado (distribución al por mayor, telecomunicaciones...), pero también en el ámbito público (salud, educación, finanzas...).

OBJETIVOS DEL DATA WAREHOUSE

Como hemos recordado en los apartados anteriores, la información es vital para las empresas. Todos los datos, tanto si provienen del sistema de producción de la empresa como si se han adquirido fuera, deben organizarse, coordinarse, integrarse y almacenarse para dar al usuario una visión integrada y orientada al negocio. El Data Warehouse y sus servicios lo hacen posible.

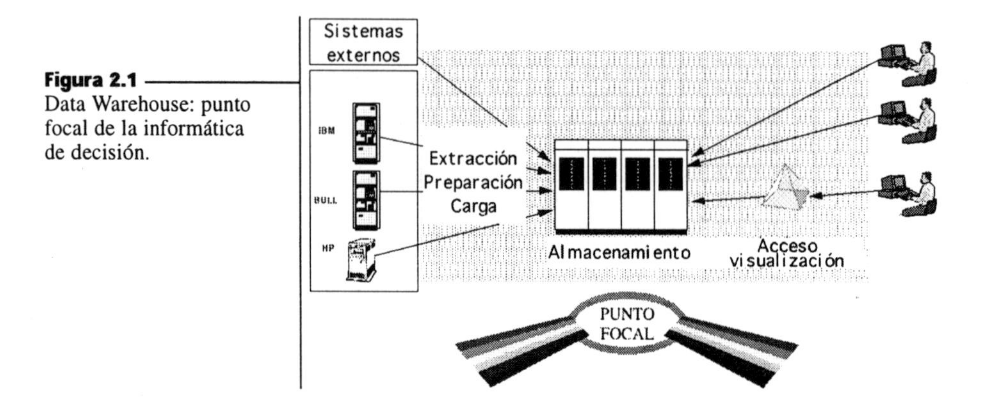

Figura 2.1 Data Warehouse: punto focal de la informática de decisión.

El Data Warehouse es una especie de punto focal que guarda en un único lugar toda la información útil proveniente de sistemas de producción y de fuentes externas. La figura anterior ilustra este objetivo de punto focal. Antes de cargarse en el Data Warehouse, la información debe extraerse, depurarse y prepararse. Estas fases de alimentación son generalmente muy complejas. Una vez integrada, la información debe presentarse de manera comprensible para el usuario. Esta visión orientada al usuario se llama también visión *business*, visión de negocio u orientación al tema. Dos problemas derivan de esta orientación hacia el usuario final. El primero se refiere a la definición semántica de los datos almacenados en el Data Warehouse. El segundo afecta a la implementación de la estructuración física particular de los datos. Estos dos temas se tratarán más adelante en esta obra. Este sistema debe ser accesible a todas las herramientas de acceso y de visualización del usuario final.

DEFINICIÓN

La definición clásica del Data Warehouse dada por Bill Inmon en su obra de referencia *Using the Data Warehouse* [Inmon94] es la siguiente:

«El Data Warehouse es una colección de datos orientados al tema, integrados, no volátiles e historiados, organizados para el apoyo de un proceso de ayuda a la decisión.»

Los apartados siguientes detallan las características de estas cualidades.

Orientación al tema

El Data Warehouse se organiza alrededor de los temas principales de la empresa. Así, los datos se estructuran por temas, contrariamente a los datos de las organizaciones tradicionales organizadas generalmente por proceso funcional. El interés de esta organización es disponer de todas las informaciones útiles sobre un tema normalmente transversal a las estructuras funcionales y organizativas de la empresa. Esta orientación al tema permitirá también desarrollar el sistema de decisión (el Data Warehouse) mediante una aproximación incremental tema tras tema. Esta aproximación por iteraciones sucesivas se presentará en el capítulo dedicado a la implementación. La integración de los diferentes temas en una estructura única es necesaria porque las informaciones comunes a varios temas no deben duplicarse. El Data Warehouse conserva así su función de punto focal. En la práctica, puede crearse una estructura suplementaria, llamada **Data Mart** (almacén de datos), para apoyar la orientación al tema. Los capítulos «Administración de los datos» y «Modelado de los datos» detallarán los objetivos y los intereses relacionados con esta arquitectura global.

Data Mart: base de datos orientada al tema a disposición de los usuarios en un contexto de decisión descentralizado.

Datos integrados

Como precisa Gérard Labonne [DWHFEa], un Data Warehouse es un proyecto de empresa. Por ejemplo, en la distribución, el mismo indicador de cifra de negocio interesará tanto a las fuerzas de ventas como al departamento financiero y a los compradores. Este punto de vista único y transversal constituye un fuerte valor añadido. Para llegar a

Un banco estadounidense ha detectado que un mismo cliente estaba identificado en sus diferentes aplicaciones transaccionales bajo 13 número de cuenta, 8 nombres diferentes y 7 direcciones distintas.

ello, los datos deben estar integrados. La consolidación de todas las informaciones respecto a un cliente dado es necesaria para dar una visión homogénea de dicho cliente a los analistas. Antes de estar integrados en el Data Warehouse, los datos deben formatearse y unificarse para llegar a un estado coherente. Un dato debe tener una descripción y una codificación únicas. Las diferencias dependen de la visión deseada por el usuario, de la utilización que se hace, o simplemente de los programadores. Los ejemplos tradicionales para ilustrar la problemática de la integración son simplistas respecto la realidad. Integrar dos representaciones de un número real, cuatro representaciones de fecha u homogeneizar las codificaciones de una información simple y presente en forma de pocas ocurrencias es fácil.

En la realidad de los proyectos, la fase de integración es muy compleja, larga y pesada y presenta a menudo problemas de cualificación semántica de los datos a integrar. Por experiencia, representa del 60 al 90% de la carga total de un proyecto. Veamos algunos ejemplos para ilustrar estas dificultades.

Unificación

En la distribución, un almacén trata el código de barras de los productos que compra el cliente. Este código de barras da la información necesaria al sistema de producción. Dos envases de Coca-Cola rigurosamente idénticos para el consumidor pueden tener dos códigos de barras diferentes, simplemente porque estos envases son producidos por dos fábricas diferentes. En un sistema de decisión, la unidad de análisis será generalmente el producto. El problema a tratar es: ¿qué es un producto? Este problema es de resolución muy compleja. Si el producto a considerar en nuestro ejemplo es la lata de Coca-Cola, hay que añadir información a fin de unificar la visión de las ventas de este producto. La solución es relativamente simple, y necesita el desarrollo específico de una pequeña aplicación que cree una tabla de correspondencias entre un producto y la lista de códigos de barras. El inconveniente es que esta aproximación no puede automatizarse. Es necesario, pues, llenar manualmente esta tabla de correspondencias y mantenerla al día, lo que puede ser costoso y ante todo largo.

Esta carga de trabajo suplementario para unificar los datos puede ser muy pesada y debe identificarse muy pronto a fin de no constituir un freno importante al desarrollo del proyecto. El trabajo previo de cualificación de la tarea de integración es a menudo enorme debido a un desconocimiento del contenido real de los datos.

Cualificación

Otro peligro relacionado con la integración de los datos concierne a la falta de cualificación y a la falta de calidad de los datos. Este problema aparece frecuentemente cuando se integran datos externos con los datos del sistema de producción. La tentación de hacer este acercamiento es muy fuerte en ciertos mercados donde el número de proveedores de informaciones externas es importante. La resolución manual genera problemas de fiabilidad y hay que aceptar en el sistema de decisión una información que no siempre es segura, lo que va en contra de los objetivos definidos anteriormente.

Un último elemento a considerar afecta a los datos inexistentes. Un dato inexistente es un dato que no existe ni en el sistema de producción, ni externamente, pero que es necesario en un contexto de análisis de decisión. El trabajo previo sobre estos nuevos datos (la entrada en particular) puede ser consecuente y debe planificarse muy pronto en las fases de desarrollo.

A través de estos ejemplos, hemos ilustrado los objetivos y las dificultades de la integración. Volveremos más adelante en este libro sobre las diferentes etapas y las tecnologías asociadas.

Datos historiados

El historial de los distintos valores aporta a los analistas la capacidad de seguir un indicador en el tiempo y medir los efectos de sus decisiones. Sirve de base a las técnicas de simulación y de predicción utilizadas por ciertas herramientas de análisis y de Data Mining.

En un sistema de producción, el dato se actualiza con cada nueva transacción. El valor anterior se pierde y el dato se actualiza constantemente. Los sistemas de producción conservan bastante raramente el historial de los valores de este dato. En un Data Warehouse, el dato no debe actualizarse nunca. Representa un valor insertado en el sistema de decisión en un momento dado. El Data Warehouse almacenará así el historial, es decir, el conjunto de valores que el dato habrá tenido en su historia. Es evidente entonces que debe asociarse un referencial de tiempo al dato a fin de poder identificar un valor particular en el tiempo.

Datos no volátiles

La no volatilidad es en cierto modo una consecuencia de la historialización descrita anteriormente. Así, una misma consulta efectuada con tres meses de intervalo precisando naturalmente la fecha de referencia de la información buscada dará el mismo resultado. En un sistema de producción, la información es volátil, el dato se actualiza regularmente. Las consultas afectan a los datos actuales y es imposible recuperar un resultado antiguo.

Dos consecuencias se desprenden de la ausencia de actualizaciones sobre los datos de un Data Warehouse. La primera afecta a la organización interna de la base de datos que soporta el Data Warehouse. Ésta podrá adaptarse (desnormalizarse) a fin de soportar las optimizaciones para el acceso a los datos. La segunda afecta a las tecnologías necesarias para los accesos habituales de los usuarios. En efecto, si no se realiza ninguna actualización, numerosas tecnologías costosas en tiempo de respuesta (gestión de los seguimientos, gestión de las transacciones, gestión de la concurrencia...) integradas en los SGBD sólo sirven en las fases de carga inicial y en las inserciones de incrementos. Por ello podrían desactivarse en las fases de uso actual.

ESTRUCTURA DE UN DATA WAREHOUSE

Un Data Warehouse se estructura en cuatro clases de datos organizadas según un eje histórico y un eje sintético. La figura siguiente ilustra esta estructura y sitúa las clases unas respecto a otras en un marco de arquitectura de datos.

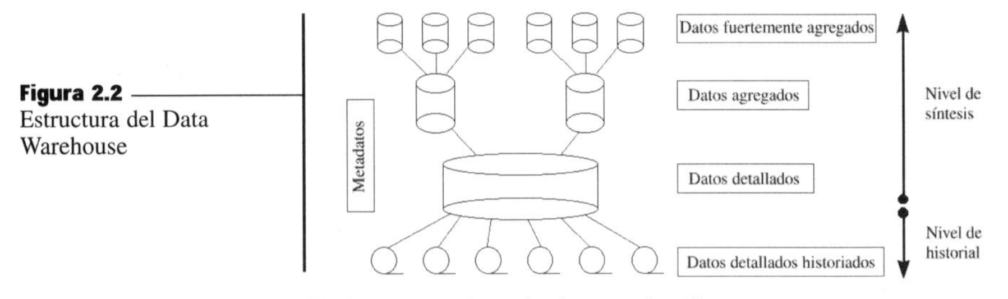

Figura 2.2 Estructura del Data Warehouse

En los apartados siguientes detallamos esta estructura.

Datos detallados

Los datos detallados reflejan los eventos más recientes. Las inserciones regulares de datos surgidos de los sistemas de producción habitualmente se realizarán a este nivel. Aunque no hay que generalizar, los datos detallados pueden en ciertos casos ser muy voluminosos y necesitar máquinas sofisticadas para gestionarlos y tratarlos. Los volúmenes de datos pueden ser muy importantes debido, por una parte, a la colocación transversal, orientada al tema e integrada del Data Warehouse y, por otra, a la historialización de los valores de detalles. De hecho, si todas las experiencias operativas están lejos de los terabytes, los volúmenes a tratar son o serán lógicamente más importantes que los gestionados de modo transaccional.

Agregación: partición horizontal de una relación según valores de atributos seguida de una agrupación por una función de cálculo (suma, media, mínimo, máximo, cuenta).

En el contexto de la distribución por ejemplo, el estudio de la cesta de la compra necesita almacenar el nivel de detalle de los datos de la nota de caja.

Atención, el nivel de detalle almacenado en el Data Warehouse no es forzosamente idéntico al nivel de detalle gestionado en los sistemas operacionales. El dato insertado en el Data Warehouse puede ser una **agregación** o una simplificación de informaciones sacadas del sistema de producción. Sin embargo, cuanto más fino es el nivel de detalle, más posible es segmentar estos datos dinámicamente.

No porque un dato esté disponible debe integrarse a este nivel. Sólo se almacenan los datos de detalle útiles y necesarios. Asimismo, sólo las informaciones más recientes se conservan generalmente en línea. Los datos historiados pueden archivarse.

Datos agregados

Estructura multidimensional: caracteriza una base de datos dedicada a la decisión que almacena los datos en forma de una tabla multidimensional. Estos SGBD son una alternativa a los SGBD relacionales. Véase también SIAD.

Estas informaciones forman parte de los metadatos. Los datos agregados son en general más compactos que los datos detallados debido a su cualidad sintética.

Los datos agregados se utilizan a menudo porque corresponden a elementos de análisis representativos de las necesidades de los usuarios. Constituyen ya un resultado de análisis y una síntesis de la información contenida en el sistema de decisión. Por ello deben ser fácilmente accesibles y comprensibles. La facilidad de acceso viene dada por **estructuras multidimensionales** que permiten a los usuarios navegar por los datos según una lógica más intuitiva. El rendimiento vinculado al acceso a estos niveles debe ser también óptimo. Para la comprensión de estos datos, es necesario poner a disposición de los usuarios la definición completa de la información que se le presenta. En el caso de un agregado, esta información se compone del contenido presentado (media de las ventas, más malos resultados...) y de la unidad sobre la que se realiza la agregación (por meses, por semanas, por fábricas, por productos...).

Metadatos

Los metadatos agrupan todas las informaciones respecto al Data Warehouse y los procesos asociados. Se integran en un referencial.

Las principales informaciones van destinadas:

- al usuario (informaciones sobre la semántica de los datos utilizados y su localización en el Data Warehouse);
- a los equipos responsables de los procesos de transformación de los datos del entorno de producción hacia el Data Warehouse (informaciones sobre la localización del dato en los sistemas de producción y la descripción de las reglas y los procesos de transformación);
- a los equipos responsables de los procesos de creación de los datos agregados a partir de los datos detallados;
- a los equipos de administración de la base de datos (informaciones sobre la estructura de la base que implementa el Data Warehouse);
- a los equipos de producción (informaciones sobre los procedimientos de carga, el historial de actualizaciones, etc).

La ilustración de la importancia de estos metadatos muestra el papel central del referencial. Sin embargo, en la realidad de los proyectos, es imposible utilizar hoy una herramienta que responda a todas estas características a menos que se desarrolle. Existen numerosos diccionarios o referenciales, pero no tratan todos los temas y tienen que integrarse.

Datos historiados

Uno de los objetivos del Data Warehouse es conservar en línea los datos historiados. Cada nueva inserción de datos proveniente del sistema de producción no destruye los anteriores valores, sino que crea una nueva ocurrencia del dato. El soporte de almacenamiento de los datos historiados depende del volumen de éstos, de la frecuencia de acceso, del tipo de acceso y naturalmente del coste de los soportes. El disco, el disco óptico digital, las cintas son los soportes utilizados más habitualmente. La figura siguiente sintetiza la estructura de un Data Warehouse en forma de una pirámide.

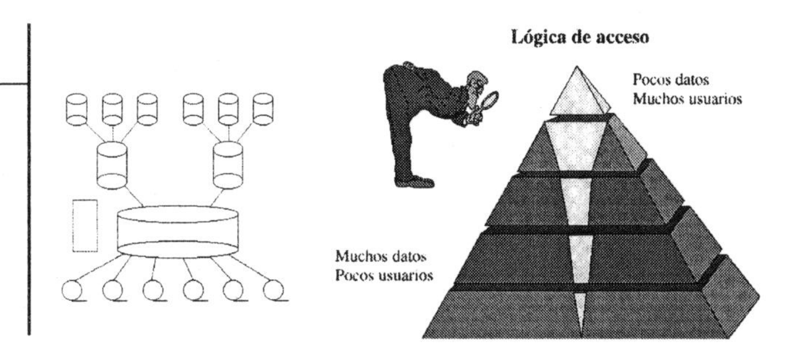

Figura 2.3 Estructura piramidal del Data Warehouse.

Este esquema ilustra bien la lógica de acceso utilizada más a menudo por los usuarios, el ataque a los datos por arriba (los niveles más agregados) y luego por profundizaciones sucesivas, también llamado ***drill down,*** la progresión en los datos débilmente agregados y finalmente el acceso a los datos detallados e historiados. Esta lógica de *zoom* corresponde a un afinado sucesivo de las necesidades del usuario traducidas en criterios de selección de datos cada vez más precisos. Se accede también directamente a los datos detallados e historiados, lo que lleva generalmente a agregados de datos muy pesados que necesitan, según los volúmenes, la potencia de máquinas muy avanzadas. En este contexto, las máquinas paralelas se justifican y encuentran un campo de progreso ideal, por ejemplo en los casos de **Data Mining.**

Drill down/Drill up: mecanismo que permite desplazarse por una estructura multidimensional, yendo de lo global hacia el detalle (drill down) o viceversa (drill up).

Data Mining: conjunto de tecnologías avanzadas susceptibles de analizar la información de un Data Warehouse para obtener sus tendencias, para segmentar la información o para encontrar correlaciones en los datos.

«El Data Warehouse es un éxito en una empresa cuando el número de usuarios que acceden a los datos de detalle aumenta»; es una constatación efectuada a partir de experiencias. En efecto, el valor de los datos no se da en el agregado, sino en el detalle. De hecho, está claro que, al implementar un Data Warehouse, lo más importante es el número de usuarios que acceden a los datos agregados. Pueden acceder incluso por consultas catalogadas predefinidas. La transformación del dato en conocimiento sólo se dará cuando el usuario domine sus herramientas y dirija por sí mismo sus investigaciones. Por experiencia, una vez llegado a este estadio, el usuario no se queda en la agregación. Las consecuencias de esta evolución «deseada» afectan a la configuración de los componentes de hardware y software, que no deben limitarse sólo al soporte de los accesos a los datos agregados.

ARQUITECTURAS

Para implementar un Data Warehouse, son posibles tres tipos de arquitecturas: la arquitectura real, la arquitectura virtual y la arquitectura *remota*.

Arquitectura real

La arquitectura real es generalmente la arquitectura elegida para los sistemas de decisión. El almacenamiento de los datos del Data Warehouse se realiza en un SGBD separado del sistema de producción. Este SGBD se alimenta por extracciones periódicas. Antes de la carga, los datos sufren importantes procesos de integración, limpieza y transformación. La ventaja de esta solución es que se dispone de datos preparados para las necesidades de la decisión que responden bien a los objetivos del Data Warehouse. La principal razón para justificar la arquitectura real es la inadaptación de los datos de producción a las necesidades de los sistemas de decisión. Las estructuras de datos en un sistema de producción son complejas en cuanto a almacenamiento e implican herramientas de programación para acceder a ellas. Los datos también están codificados. En un contexto de ayuda a la decisión, el dato debe ser comprensible por el usuario. Es necesario transformar todos los códigos en datos legibles y comprensibles. Las cargas relacionadas con los accesos son también incompatibles con los objetivos de rendimiento del sistema de producción. Los datos están dispersos. El Data Warehouse debe reintegrar los datos unos con otros a fin de asegurar una coherencia semántica global. Los datos son evolutivos. No hay consolidación posible sobre un período de tiempo debido a que el dato evoluciona con las transacciones. Finalmente, el significado puede ser ambiguo. Puede depender de la aplicación que utiliza el dato. Este problema de coherencia, habitual en los sistemas de producción, debe

Pocas herramientas del mercado permiten el acceso directo a las fuentes de datos de producción heterogéneas y cuando existen, estas herramientas son muy pesadas en su implementación y en su uso.

tratarse sistemáticamente para minimizar las redundancias de información en el Data Warehouse y unificar la semántica en toda la empresa.

Los inconvenientes son el coste de almacenamiento suplementario y la falta de acceso en «tiempo real». El desplazamiento de tiempo entre los dos sistemas depende de numerosos factores como el coste de la extracción, las necesidades funcionales, etc. Puede variar de un día a un mes según las aplicaciones.

Arquitectura virtual

Middleware: herramienta de software de conectividad: en un contexto de decisión, se sitúa entre las herramientas de ayuda a la decisión y la base de datos de decisión. Un buen *middleware* permite conservar la independencia de estos dos tipos de componentes.

En una arquitectura virtual, los datos del Data Warehouse residen en el sistema de producción. Se hacen visibles por productos ***middleware*** o por pasarelas (o *gateways*). En esta arquitectura no hay coste de almacenamiento suplementario y el acceso se hace en tiempo real. Sin embargo, las numerosos desventajas de este tipo de arquitectura impiden frecuentemente su elección. Los datos no están preparados. El apartado anterior muestra la dificultad real que presenta la utilización de los datos de producción. Los accesos de decisión pueden perturbar el rendimiento del sistema de producción, tanto más cuanto que los procesos de transformación y de integración están aquí relacionados forzosamente con los procesos de acceso. En el caso en que la gestión de historial no esté prevista en el sistema de producción, es impensable su integración.

Según nuestros datos, no existe ninguna implementación de Data Warehouse virtual ambiciosa. Las únicas realizaciones mostradas parecen más bien prototipos o simples infocentros.

Arquitectura remota

La arquitectura *remota* es una combinación de los dos tipos de arquitecturas descritas anteriormente. El objetivo es implementar físicamente los niveles agregados (los niveles de datos utilizados más a menudo) a fin de facilitar el acceso y conservar el nivel de detalle en los sistemas de producción dando acceso por medio de *middleware* o de *gateways*. Esta arquitectura se utiliza también muy raramente.

INFOCENTRO Y DATA WAREHOUSE

La cuestión vuelve constantemente. Ciertas características citadas anteriormente son idénticas a las de un infocentro. Sin embargo, existen numerosos elementos que permiten diferenciar estas dos nociones.

Un infocentro es: **«una colección de datos orientados al tema, integrados, volátiles, actuales, organizados para el apoyo de un proceso de decisión puntual.»**

Esta definición evidencia fuertes diferencias. La primera concierne al contenido y a las manipulaciones asociadas. Un infocentro se alimenta con los valores del sistema de producción. A cada nueva alimentation, el nuevo valor reemplaza al anterior. De este modo, es imposible recuperar un valor calculado en una sesión anterior a las últimas alimentaciones, mientras que la no volatilidad es una característica esencial del Data Warehouse. Además, debido a estas alimentaciones (que se pueden asociar a actualizaciones en un infocentro), es difícil mantener al día agregados. El agregado se calcula normalmente en el momento del acceso por parte del usuario. Los datos de un infocentro son pues volátiles y actuales. No hay gestión de historial de los valores. Esta lógica de trabajo tiene también consecuencias sobre la audiencia, es decir, sobre el tipo de usuario. En un infocentro, el objetivo es tomar decisiones operativas basadas en valores habituales. En un Data Warehouse, además de estas posibilidades, otros usuarios podrán trabajar sobre los historiales, lo que permitirá decisiones a largo plazo, posicionamientos estratégicos y análisis de tendencias.

Otro factor de diferenciación concierne a la integración de datos, más o menos impulsada según los infocentros. En efecto, el infocentro nació de la necesidad de acceder a los datos del sistema de producción. Numerosas realizaciones se han «limitado» a transferir los datos de un sistema a otro; por una parte, para evitar sobrecargar la máquina de producción y, por otra parte, para utilizar sistemas que respondan mejor a los objetivos (SGBD y herramientas amigables). Además, son raros los infocentros que consolidan datos externos con datos de producción. Así, los procesos de alimentación son generalmente muy simples.

Naturalmente, existen excepciones en ciertos infocentros operativos, pero, contrariamente a lo que ciertos editores dan a entender en sus presentaciones de márketing, pocos infocentros tienen las características de un Data Warehouse.

Más allá de estas primeras diferencias, es importante comparar la finalidad de un Data Warehouse con lo que se designa con el término «infocentro». La definición de las realizaciones actuales [FGR91] es la siguiente: «permitir a los usuarios acceder a sus datos en sus propios términos». Aquí no se citan ni la finalidad ni la arquitectura. Un infocentro puede ser también una herramienta concreta que permita al usuario generar un informe a partir de los datos de un programa, en lugar de una herramienta más estratégica para la toma de decisiones o para limitar el *backlog* (plazo de reactividad) de la informática de producción. Las preguntas que realmente hay que hacerse son las siguientes:

- ¿Qué infocentros están motivados por objetivos de negocio y se sitúan al servicio de la estrategia de la empresa?
- ¿Qué usuarios tienen suficiente confianza en los datos del infocentro para tomar otras decisiones más allá del día a día?
- ¿Qué infocentros permiten conocer la competencia, hacer micromárketing, identificar a los clientes fieles, anticiparse a las necesidades?
- ¿Qué empresas han calculado el beneficio sobre inversión de su infocentro?
- ¿Qué empresas disponen de un infocentro orientado al tema, integrado, que gestione los historiales?

En conclusión, el infocentro es una herramienta, mientras que el Data Warehouse es una arquitectura.

CONSTRUCCIÓN DEL DATA WAREHOUSE

El objetivo a lograr es recomponer los datos disponibles para obtener una visión integrada y transversal a las distintas funciones de la empresa, una visión de negocio a través de distintos ejes de análisis y una visión agregada o detallada, adaptada a las necesidades.

Transformar los datos en conocimiento es un proceso complejo.

Este proceso de transformación e integración de los datos puede sintetizarsse a través de las etapas representativas de un método industrial ilustrado por la frase siguiente: ensamblar las materias primas (los datos de diferentes fuentes), según instrucciones específicas (el metamodelo), para realizar un producto terminado (los datos analíticos), almacenado en un almacén de datos (el Data Warehouse), para su disponibilidad fácil de cara a los clientes (los usuarios finales).

La figura siguiente ilustra el marco general de un Data Warehouse.

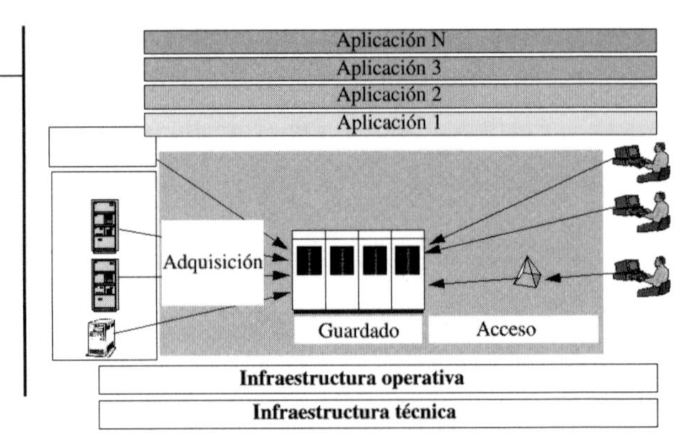

Figura 2.4
Marco general del Data Warehouse.

Este marco comporta tres ámbitos principales: las aplicaciones, los componentes funcionales del Data Warehouse (adquisición, guardado y acceso) y las infraestructuras (técnica y operativa).

Las aplicaciones

Iniciativa: proyecto de decisión que entra en juego en la construcción de un Data Warehouse en un método iterativo.

Un Data Warehouse no se construye en una sola iteración. Cada tema tratado se descompone en un conjunto de **iniciativas** (las aplicaciones). El perímetro de cada aplicación debe estar claramente definido (actores afectados, frecuencia y periodicidad de los análisis, objetivos y naturaleza de las vueltas sobre la actividad de la empresa...). Las aplicaciones deben ser controlables y proporcionar resultados «tangibles» en un plazo de menos de seis meses, que corresponde al plazo medio de realización de una aplicación. Esta descomposición en aplicaciones aporta numerosas ventajas, pero genera dificultades sobre ciertos temas, como los relacionados con la infraestructura técnica y organizativa que necesitan que se imagine una visión más global. Una aplicación puede también ser un programa de decisión. En este caso, conviene asegurarse de que se integra en la infraestructura global.

Los componentes funcionales

Tres componentes funcionales caracterizan a un Data Warehouse: la adquisición de los datos, su almacenamiento y el acceso por parte de los usuarios finales.

Adquisición

La adquisición de los datos se desarrolla en tres fases: la extracción, la preparación y la carga.

La extracción de los datos consiste en recoger los datos útiles en el sistema de producción. Primero hay que identificar los datos que hayan evolucionado a fin de extraer el mínimo de datos, luego planificar estas extracciones a fin de evitar las saturaciones (red, entradas/salidas y unidad central) del sistema de producción. La integridad de los datos extraídos es obligatoria y precisa en consecuencia la sincronización de los diferentes procesos de extracción. Los problemas relacionados con esta necesaria sincronización pueden ser complejos, ya sea funcionalmente o bien técnicamente en entornos muy heterogéneos.

Para extraer los datos originales, se pueden usar varias tecnologías:

- pasarelas, proporcionadas principalmente por los editores de bases de datos; estas pasarelas son generalmente insuficientes porque están orientadas esencialmente a datos y soportan con dificultad procesos (programas) de transformación complejos;

- utilidades de **replicación**, utilizables si los sistemas de producción y el sistema de decisión son homogéneos y si la transformación a aplicar a los datos es ligera;

Replicación: mecanismo de copia de datos de una base a otra u otras generalmente situadas en uno o más servidores, en ocasiones en un medio heterogéneo. Los SGBD proponen mecanismos de replicación transparentes y automáticos.

- herramientas específicas de extracción; estas herramientas son sin duda la solución operativa al problema de la extracción, pero su precio elevado limita su uso en las primeras aplicaciones; sin embargo, es la solución prioritaria, porque la escritura específica de programas de extracción en Cobol o en C y especialmente su mantenimiento resulta rápidamente muy cara.

La preparación de los datos corresponde a la transformación de las características de los datos del sistema operativo en la forma definida del Data Warehouse. Esta preparación incluye la correspondencia de los formatos de datos, la limpieza, la transformación y la agregación. Este proceso de transformación accederá naturalmente a todas las informaciones almacenadas en el diccionario, especialmente la localización de las fuentes de datos y sus estructuras en el sistema de producción, la estructura objeto del Data

Warehouse, las reglas de identificación, de asociación, de transformación y de agregación de los datos y las reglas de seguridad.

Una conocida marca de la distribución de deportes y ocio envió a mi domicilio cinco cartas personalizadas: una que iba dirigida a mi, otra a mi mujer, otra a mi hija, otra a mi hijo y otra repetida para mí con una falta de ortografía en mi nombre. El coste de este mailing fue mucho más elevado de lo que hubiera debido ser. Con un ejemplar por familia, el rendimiento habría sido equivalente.

La limpieza de los datos es una fase sobre la que actualmente trabajan numerosos editores. Además de la calidad de los datos que aportan, las herramientas de limpieza permiten suprimir los duplicados en los archivos. La supresión de los duplicados es un proceso que se justifica rápidamente. Un ejemplo permite ilustrar este punto. Se refiere a una experiencia vivida regularmente por cada uno de nosotros cuando abrimos nuestros buzones y encontramos cartas idénticas que se refieren a la misma promoción o al mismo servicio, con la única diferencia debida al destinatario.

La carga es la última fase de la alimentación del Data Warehouse. Se trata de una fase delicada especialmente cuando los volúmenes son importantes. Para obtener buenos rendimientos de carga, es imperativo controlar las estructuras del SGBD (tablas e índices) asociadas a los datos cargados para optimizar al máximo estos procesos. Por ejemplo, en grandes cargas, es preferible indexar las tablas una vez cargados los datos en lugar de indexarlos al mismo tiempo que se cargan. Además, las técnicas de paralelismo optimizan las cargas pesadas. Existen utilidades particulares en la mayor parte de editores.

Almacenamiento

El componente básico de soporte del almacenamiento es el SGBD. Además del almacenamiento, el SGBD debe proponer extensiones para responder a las características del acceso a la decisión. Estas tecnologías se relacionan principalmente con el paralelismo de las consultas y con diversas optimizaciones propuestas para acelerar las selecciones y las agrupaciones de conjuntos.

Debido a la importancia del historial en un Data Warehouse, la estructuración física de los datos es también muy importante. Una partición física de las tablas en unidades menores según el criterio tiempo aporta rendimientos estables en el tiempo, facilidades para la recuperación, las indexaciones, las reestructuraciones y el archivo. También resulta más fácil almacenar estos datos en soportes menos costosos que los discos.

El último elemento relacionado con el almacenamiento concierne a los tipos de datos. Hoy, sólo el 15% de la información se almacena en formato electrónico y la principal razón de este bajo porcentaje proviene del hecho de que una información debe descomponerse primero en una serie de enteros, de reales y de textos antes de almacenarse en un SGBD de producción. Los editores realizan muy fuertes evoluciones en lo que algunos denominan la «gestión del contenido». Aportar una mejor respuesta a ésta pasa por la integración en el SGBD de nuevos tipos de datos que permitan almacenar y manipular estructuras multimedia compuestas de documentos, de imágenes, de sonidos, de vídeos, etc. La llegada de Internet acelerará también, sin duda, esta evolución. Una vez los SGBD sepan gestionar estas nuevas estructuras, permitirán el almacenamiento y la manipulación de informaciones nuevas, complementarias a las informaciones tradicionales aportándoles valor en los procesos de toma de decisión.

El SGBD aporta, finalmente, la transparencia a la evolución del hardware (*scalability* en inglés), la independencia, ya sea en los tipos y el número de procesadores, los discos o la memoria, así como la transparencia ante la evolución de los sistemas operativos. Sin embargo, cuidado con las afirmaciones de los editores y constructores, porque esto tiene un coste y unos límites.

Acceso

Definir una arquitectura global que dé soporte a los accesos de decisión impone opciones tecnológicas no estructuradoras. Este método es el mismo que el que ha llevado a las empresas a orientarse hacia la arquitectura cliente/servidor para sus aplicaciones transaccionales. Una de las bazas de esta arquitectura es que permite implementar una infraestructura común a todas las aplicaciones de decisión, dejando a los usuarios la oportunidad de utilizar las soluciones mejor adaptadas a su problemática: un grupo de usuarios deseará efectuar consultas simples o complejas sobre los datos que les interesen; otro grupo querrá efectuar análisis sobre informaciones muy estructuradas y agregadas; otro servicio necesitará hacer extrapolaciones o simulaciones a partir de la información existente. La figura de la página siguiente ilustra la lógica de esta arquitectura, que da a los usuarios puntos de vista diferentes según las herramientas utilizadas.

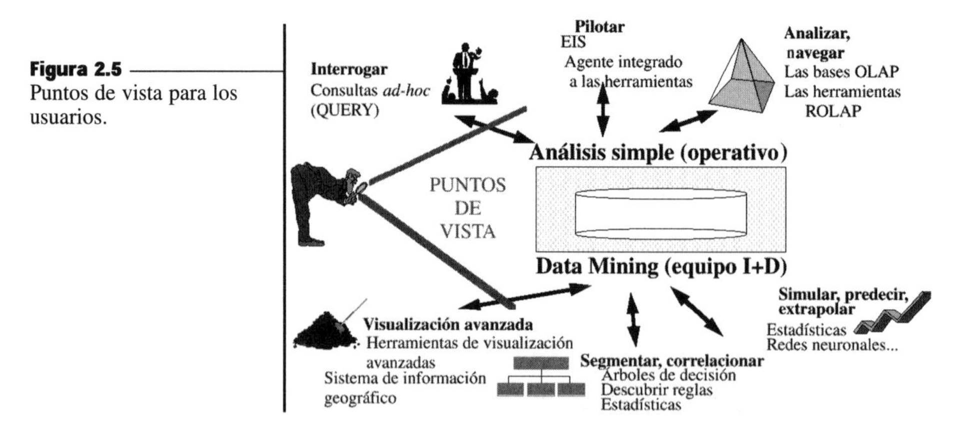

Figura 2.5 Puntos de vista para los usuarios.

Sea cual sea el tipo de la herramienta, tendrá que adaptarse a las exigencias del usuario y a su manera de trabajar. En el mundo de la decisión, el análisis es iterativo y los resultados de la consulta actual influyen a menudo en la consulta siguiente. «Dame lo que te pido, que luego podré decirte lo que quiero realmente» es una fórmula que refleja bien este comportamiento.

Las infraestructuras

Para responder a estas necesidades, el nuevo papel de la informática es definir e integrar una arquitectura sobre la que se basarán las aplicaciones de decisión.

Hay que considerar dos niveles de infraestructura en un Data Warehouse: la infraestructura técnica, es decir, el conjunto de componentes materiales y programas, y la infraestructura operativa, a saber, el conjunto de procedimientos y servicios para administrar los datos, gestionar los usuarios y utilizar el sistema.

La infraestructura técnica se compone de productos que implementan las tecnologías elegidas integrados en un conjunto coherente y homogéneo. Estas opciones técnicas afectan a los componentes materiales y programas junto con los componentes funcionales que son la alimentación, el almacenamiento y el acceso.

La infraestructura operativa se compone de todos los procesos que permiten, a partir de los datos de producción, crear y gestionar el sistema de decisión. Las grandes funciones de esta infraestructura conciernen a la administración de los datos, la gestión de los usuarios en el sentido de apoyo y administración y el uso del sistema de decisión. Esta última función es muy importante porque afecta a la ordenación y a la gestión de los flujos de datos de los sistemas originales al sistema destinatario (la gestión del rendimiento, de la seguridad, etc.).

FACTORES DE ÉXITO, PELIGROS Y BENEFICIOS

Construir un Data Warehouse es un proceso largo y delicado. Por ello es importante resumir los factores que favorecen el éxito de un proyecto y los principales peligros a evitar, y posicionar el proyecto en el contexto de las experiencias ya vividas en el mercado.

Factores de éxito

Las características citadas más habitualmente respecto a un Data Warehouse con éxito son las siguientes:

- integra datos de producción con datos externos y gestiona historiales;
- contiene las informaciones útiles, las hace legibles y manipulables;
- agrupa datos de calidad (coherentes, actualizados, documentados);
- ofrece un acceso directo a los usuarios;
- aumenta el número de accesos a los datos;
- ofrece una flexibilidad que apoya el crecimiento, tanto desde el punto de vista del número de usuarios, de las herramientas utilizadas o de los volúmenes a tratar.

Por lo que respecta a la flexibilidad necesaria para apoyar el crecimiento del número de usuarios, el Data Warehousing Institute publicó [DWHInsta] en enero de 1996 los resultados de una encuesta, llevada a cabo en 6.214 empresas, que indica una progresión media de los usuarios en el tiempo. La figura siguiente sintetiza sus principales resultados.

Figura 2.6
Progresión media de usuarios finales del Data Warehouse (fuente: Data Warehousing Institute, enero de 1996).

	Todas las sedes	Pequeñas sedes
Número inicial medio	16	6
Tras 3 meses	19	12
Tras 6 meses	44	20
Tras 12 meses	99	28
Tras 24 meses	255	55

La progresión notada en este estudio es importante porque representa un factor 3 sobre los 6 primeros meses y un factor 10 a 15 sobre 2 años. Esta progresión rápida tiene como consecuencia obligar a todas las empresas a prever relativamente pronto la financiación asociada y, como consecuencia, estimar lo más pronto posible el beneficio sobre inversión previsto.

Los beneficios esperados citados más a menudo se refieren principalmente a la mejora de partes de mercado, la rentabilidad, un mejor acceso a la información que genera una ventaja competitiva, la reducción de costes o el aumento de la productividad respecto a un sistema clásico, y finalmente un mejor apoyo a los cambios organizativos.

Errores a evitar

La lista de los diez errores a evitar presentada en este apartado no es realmente exhaustiva. De hecho, el undécimo error es creer que sólo hay diez. Pero son sin embargo representativos de los errores cometidos más a menudo [DWHInstb].

La lista es la siguiente:

- *Empezar el proyecto con el promotor equivocado.* Es obligatorio iniciar un proyecto de decisión con un promotor ejecutivo que cuente con los medios de invertir en el tema de la utilización eficaz de la información.

- *Comprometerse con posibilidades que no pueden realizarse.* Todo proyecto de decisión debe abordarse con una lógica de iteración y para cada tema tratado; una iteración debe incluir una fase de persuasión de los usuarios y una fase de realización.

◆ *Comprometerse a partir de declaraciones de esperanzas ingenuas.* El Data Warehouse debe presentarse como un entorno que permite a los dirigentes tomar decisiones correctas basadas en informaciones adecuadas en lugar de un entorno de ayuda a los dirigentes para tomar las mejores decisiones. En efecto, el Data Warehouse es ante todo el único sitio, el punto focal donde los dirigentes pueden ir a buscar la información que desean.

◆ *Cargar el Data Warehouse con datos únicamente porque están disponibles.* Identificar lo que será útil es una de las grandes dificultades del diseño. Integrar datos inútiles tiene consecuencias tecnológicas importantes, especialmente en cuanto a los volúmenes de datos a tratar y a los tiempos de respuesta.

◆ *Creer que el esquema de la base de datos que soporta el Data Warehouse se organiza de la misma manera que un esquema de base de datos tradicional de tipo transaccional.* Las diferencias entre los dos entornos afectan a los usuarios, a los tipos de peticiones, al número de tablas, a los contenidos... Es decir, a la mayor parte de los componentes. Un capítulo completo en este libro presenta los modelos utilizables en decisión y sus justificaciones.

◆ *Elegir un jefe de proyecto orientado a la tecnología.* Un Data Warehouse no es un problema técnico, sino la integración de un conjunto de iniciativas «orientadas a temas» en un entorno de tecnologías. La palabra tema utilizada sistemáticamente es ilustrativa de la necesaria orientación al negocio.

◆ *Concentrarse en los datos tradicionales e internos.* Como ya hemos subrayado, la integración de datos externos permite a la empresa posicionar sus productos respecto al mercado y a la competencia. Generalmente es un elemento de fuerte valor añadido cuando es posible. Respecto a los tipos de datos, está claro que cada vez más datos estructurados de tipo multimedia se integrarán en los sistemas de decisión y aportarán también un fuerte valor añadido respecto a los datos tradicionales surgidos del sistema de producción.

◆ *Creer en las promesas tecnológicas.* Características como la capacidad de evolución, la escalabilidad, son particularmente prioritarias en los proyectos de decisión, al igual que las técnicas de optimización de rendimientos y de extensión de las capacidades de almacenamiento. Atención, por ejemplo, a prever desde el inicio del proyecto un modelo de máquina que soporte la extensión en términos de procesador y de disco si ello es necesario a corto o medio plazo.

◆ *Creer que los problemas terminan una vez terminado el Data Warehouse.* El Data Warehouse es el sistema de decisión de la empresa. Su ciclo de vida está relacionado con las evoluciones de la empresa y de su mercado. Como hemos visto anteriormente, la evolución regular del número de usuarios y del tipo de accesos realizados necesita constantes regulaciones y optimizaciones.

◆ *Centrarse en las funciones predefinidas y periódicas.* Es importante construirlas al principio, pero lo fundamental es permitir a largo plazo a los diferentes tipos de usuarios acceder, mediante la herramienta adaptada, a todos los datos del Data Warehouse (datos agregados y datos detallados). Recordemos que el valor proviene por una parte de los datos de detalle y por otra de la capacidad del usuario para apropiarse de las herramientas adaptadas a sus necesidades.

Los beneficios aportados por el Data Warehouse

Los grandes gabinetes de análisis se han centrado en las realizaciones más significativas en el ámbito del Data Warehousing, en particular desde el ángulo económico. Así, el gabinete estadounidense Gartner Group presenta algunos ejemplos, que expresa como beneficio sobre inversión en el tiempo. Este beneficio sobre inversión se expresa en multitud de partidas:

	Retorno sobre inversión	Período (en años)
Industria de gran consumo	*58	4
Compañía aérea	*5	2
Banca	*33	2
Gran distribución	*7	5
Telecomunicaciones	*9	4
Banca regional	*70	3

Figura 2.7
Beneficios del Data Warehouse en terminos de retorno sobre inversión (fuente: Gartner Group).

Hay que indicar que todos los ejemplos presentados aquí conciernen a empresas que se sitúan en el marco de un mercado de volumen, disponiendo de hecho de un número muy importante de clientes, pudiendo ser éstos empresas, pero también individuos. No cabe duda de que en este caso concreto es cuando el valor añadido de un Data Warehouse será más destacable. Esto explica que los éxitos más mediáticos afectan a este tipo de empresa, aunque el Data Warehouse es un concepto que afecta potencialmente a todo actor del mundo económico.

Un estudio sobre el mismo tema ha sido realizado por IDC. Su objetivo no era valorar tal o cual experiencia, sino reunir la información para cualificar de manera genérica la aportación de un Data Warehouse a las empresas. Se interrogó a 62 organizaciones americanas y europeas [IDC96]. Éstos son algunos de sus resultados:

◆ Beneficio sobre inversión en 3 años: la media es del 401%, la mediana del 167%. El 90% de las empresas consultadas destacaron un beneficio sobre inversión superior al 40%. Para el 13% de las empresas, el beneficio sobre inversión sobrepasó el 1000%.

◆ El equilibrio sobre inversión (en inglés *payback*) se alcanza como media en 2,31 años, siendo la mediana de 1,67 años. La inversión media es de 2,2 millones de dólares.

A pesar de la elocuencia de estas cifras, es difícil describir de manera genérica y cualitativa los beneficios de un Data Warehouse: muy relacionados con la estrategia de la empresa, dependen necesariamente del sector de actividad. Por ejemplo, un estudio llevado a cabo por AT&T Teradata indica que, en la distribución a gran escala, las principales zonas de oportunidad son:

◆ un aumento de las ventas a través de un márketing mejor orientado;

◆ una mejora de las tasas de rotación de los stocks;

◆ la reducción de los stocks de productos que han quedado obsoletos;

◆ la reducción de las pérdidas relacionadas con las rebajas, devoluciones y comisiones;

- la disminución de costes de los productos de proveedores relacionados con una mejor negociación de precios.

Globalmente, el estudio indica que, para los grandes distribuidores, el beneficio sobre inversión medio es de 7 veces la inversión y puede llegar hasta 125 veces la inversión inicial.

Un último elemento contabilizado que muestra el valor añadido de un Data Warehouse aparece en un artículo sobre el Data Warehouse en la gran distribución publicado por el *Journal of Data Warehousing* [SKEL96]. Se analiza especialmente el Data Warehouse del distribuidor W.H. Smith, que en cuanto a técnica es una base de 160 gigabytes, utilizada por 300 usuarios y que recoge 150.000 productos, 10.000 proveedores y 300 almacenes. Tras unos meses de producción, las ganancias calculadas son las siguientes:

Mejor decisión sobre la política de tarifación	750.000 $
Reestructuración de las líneas	450.000 $
Mejor seguimiento de la gestión de pérdidas imprevistas (robo, pérdida, etc.)	100.000 $
Optimización del stock para la campaña de Navidad	900.000 $
Gestión de devoluciones de mercancía	800.000 $

EL MERCADO DEL DATA WAREHOUSE

IDC estima que las inversiones en Europa destinadas a la implementación de Data Warehouse eran de 2,4 millardos de dólares en 1995. Estos costes integran los presupuestos internos, pero también la compra de equipos, programas o servicios.

La figura siguiente ilustra el reparto del beneficio en el mercado del Data Warehouse tal como lo identifica el Gartner Group. Estas cifras se expresan en millones de dólares. Como se puede constatar, este mercado cuenta con una progresión anual de más del 35%. Es, pues, un gran mercado para todos los actores desde un punto de vista financiero, pero también por su esencia orientada al valor añadido.

	1994	1999	Progreso anual
Total	1.568	6.969	34,7%
Extracción de datos	65	210	26,4%
Administración	10	450	114,1%
SGBDR	288	1.100	30,7%
Material	1.075	3.950	29,7%
Servicios	130	1.250	57,3%

Figura 2.8
Reparto del beneficio del mercado de Data Warehouse
(fuente: Gartner Group).

Las dos figuras siguientes presentan el resto de resultados del estudio realizado en 1996 por el Data Warehousing Institute. Por una parte, afectan a las previsiones de despliegue de Data Warehouse en las empresas y, por otra, a los volúmenes de datos gestionados tras un año de producción.

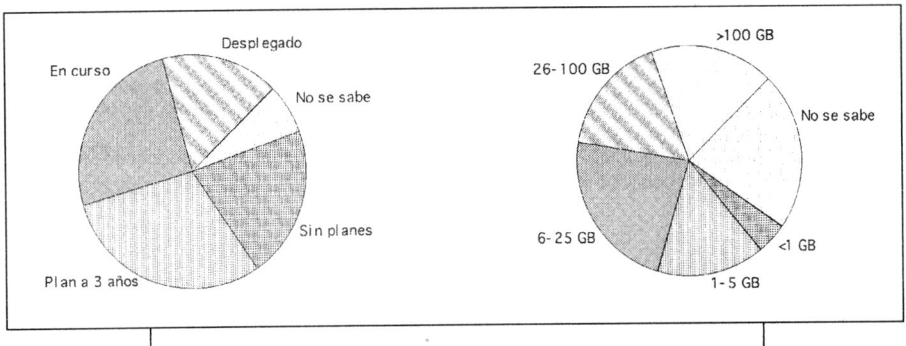

Figura 2.9
Previsión de despliegue
(fuente: Data Warehousing Institute 1996)

Figura 2.10
Volumetría de los Data Warehouse en producción
(fuente: Data Warehousing Institute 1996)

Este estudio se basa en más de 6.000 respuestas de empresas americanas. En cuanto a los despliegues, las cifras son impresionantes: más del 40% de las empresas han empezado a implementar su Data Warehouse y más del 30% tienen previsto hacerlo en los próximos 3 años. Por lo que respecta a los volúmenes de datos, la mayoría de los sistemas implementados no pasan de 100 gigabytes, pero pocos son de tamaño inferior a 5 gigabytes. Muchas realizaciones son incrementales. Estas cifras están pues destinadas a crecer.

En el resto de este libro exploraremos las aproximaciones de implementación de un Data Warehouse y detallaremos los diferentes componentes tecnológicos asociados que permiten construir, administrar y utilizar esta nueva arquitectura de decisión.

3 El diseño del Data Warehouse

PROBLEMÁTICA Y OBJETIVOS

Cuatro características clave del Data Warehouse :

- las evoluciones tecnológicas;
- la vinculación implícita con la estrategia de la empresa;
- una lógica de mejora continua;
- un nivel de madurez diferente según las empresas.

Cuatro características del Data Warehouse tienen efectos determinantes sobre el método de diseño de un proyecto de este tipo. La primera está vinculada a las evoluciones tecnológicas recientes. El cliente/servidor y los sistemas abiertos, por ejemplo, tecnologías implícitamente utilizadas en los sistemas Data Warehouse, han aportado evoluciones fundamentales: un sistema de información puede construirse por integración de un cierto número de componentes, pudiendo ser elegido cada uno en relación con su contexto de uso. Como las soluciones de software ya no son monolíticas, cada empresa tiene la oportunidad de definir su arquitectura, y no ya adaptar el problema a tal o cual tecnología del mercado. En este marco, los métodos de implementación también deben adaptarse al contexto del proyecto. En el ámbito de las metodologías y las técnicas de implementación, por ejemplo, es posible elegir uno o más métodos, por ejemplo Merise, Information Engineering, NIAM, el JAD/**RAD**, los métodos orientados a objetos, etc. Esta diversificación puede verse como una oportunidad o como una constatación de fracaso, pero, en cualquier caso, es difícil pretender conocer métodos universales independientes del contexto de uso.

RAD, *Rapid Application Development:* método de implementación iterativa para el desarrollo de aplicaciones. Se basa en una implicación regular de los usuarios durante todo el ciclo de desarrollo. Este método fue diseñado por James Martin.

La segunda es que un Data Warehouse está mucho más cerca de la estrategia de una empresa de lo que pueden estarlo generalmente las aplicaciones de carácter transaccional. Mientras que éstas permiten a menudo la automatización de procesos existentes, o descritos formalmente por adelantado, el objetivo del Data Warehouse se expresa a menudo en términos puramente de negocio como «mantener la fidelidad de la clientela». En su desarrollo, habrá que tener en cuenta estos aspectos, implicando al máximo a los usuarios más experimentados en el conocimiento de su empresa y/o de su negocio, pero también integrando esta dimensión en todas las técnicas utilizadas para el diseño y el seguimiento del proyecto.

La tercera se desprende del hecho que un Data Warehouse, una vez construido, debe evolucionar en función de las peticiones de los usuarios o de los nuevos objetivos de la empresa, y se sitúa, pues, en una lógica de mejora imprevisible y frecuente.

Finalmente, el nivel de madurez de cada empresa ante los sistemas de decisión puede diferir considerablemente; para algunas, el Data Warehouse está en continuidad con su adquisición de ayuda a la decisión, que les permite disponer ya de una organización y de métodos probados, mientras que para otras se trata de un ámbito aún desconocido.

En lugar de pretender proponer un método «llaves en mano» para implementar un Data Warehouse, el objetivo de este capítulo es proponer un marco, que podrá servir de base para una apropiación en relación con el contexto de una empresa.

Este marco parte de los principios siguientes, puntos comunes a la mayoría de las realizaciones actuales:

- El objetivo no es construir un sistema de decisión aislado o al margen de otro sistema, sino más bien implementar un sistema de información coherente e integrado.
- Este sistema no se construye en un solo bloque. Se descompone en aplicaciones, integrándose cada una de ellas al marco general del Data Warehouse. Su implementación es pues incremental, constituyendo cada aplicación la unidad de incremento.

Estos dos objetivos son simples de enunciar, pero más complejos de realizar. Como veremos más adelante, implican restricciones. Renunciar a hacer frente a estas restricciones podrá llevar el proyecto hacia una deriva clásica en la informática: construir tantos sistemas como necesidades de decisión haya en la empresa, renunciando a su integración, juzgada demasiado compleja, costosa o difícil de vender, especialmente por razones políticas.

Esta deriva entraña, entre otros, dos riesgos principales.

Data Mart: base de datos orientada al tema puesta a disposición de los usuarios en un contexto de decisión descentralizado.

El primero es limitar el valor de la información contenida en el Data Warehouse. Si, por ejemplo, las informaciones respecto a las ventas no son coherentes con las que afectan a las compras, porque se han modelado en dos **Data Marts** diferentes, el sistema perderá una parte considerable de su valor para la empresa. Un ejemplo de fracaso de este tipo se presenta en [SKE96].

El segundo es implicar un coste informático considerable a largo plazo. Para convencerse de este punto, basta con observar las realizaciones de Data Warehouse actuales. Si algunas de ellas son complejas, es precisamente porque la información necesaria para su constitución se encuentra desperdigada en una multitud de sistemas, herencia de la empresa, no integrados entre sí. Cuando los sistemas de información tienen que gestionar informaciones cada vez más diversas y voluminosas, se hace imperativo evitar que se «desintegren» y el Data Warehouse constituye una oportunidad para alcanzar este objetivo.

La descomposición en subfases de un proyecto Data Warehouse puede ser, por ejemplo, la siguiente:

- La primera fase, titulada «descubrir y definir las iniciativas», es a nivel de empresa; esta fase permitirá definir el porqué del Data Warehouse, informar sobre el beneficio esperado, sus características, sus implicaciones para los actores afectados. Finalmente, permitirá determinar las aplicaciones a realizar (o proyectos) en este marco, estimará los beneficios esperados y dará un plan de acción para su implementación y ordenación.
- La segunda fase permitirá definir la infraestructura técnica y organizativa del Data Warehouse.
- La última fase implementará las aplicaciones, una por una, y las desplegará.

Detallaremos seguidamente los objetivos de cada una de las fases.

DESCUBRIR Y DEFINIR LAS INICIATIVAS

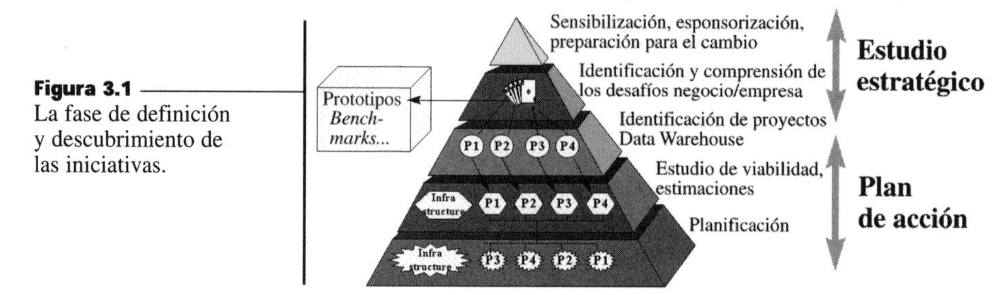

Figura 3.1 La fase de definición y descubrimiento de las iniciativas.

La figura anterior presenta el método utilizado en esta primera fase. Primero definiremos los objetivos de cada una de las etapas presentadas en ella y posteriormente presentaremos los puntos clave necesarios para su desarrollo.

Los tres estadios superiores de la pirámide son fundamentales y afectan más a la empresa y a su estrategia que a la informática propiamente dicha; de ahí el término de «estudio estratégico» utilizado, que se encuentra bajo diferentes terminologías anglosajonas como *Strategic Information Analysis* [SAG95] o *Business Information Planning* [EDS]. En nuestro contexto, se trata de:

Sponsorship: actividad tendente a gestionar la promoción del Data Warehouse y a garantizar la adecuación del sistema informático a los objetivos de la empresa. Véase también sponsor.

- informar y motivar a los actores de la empresa afectados por esta fase inicial a fin de que se comprometan en el proceso de implementación de los proyectos de decisión: es la función de la fase de sensibilización, de **sponsorship**, y de preparación para el cambio;
- implicar a la dirección, a los equipos operativos y a los equipos informáticos, para que participen en la fase de identificación y de comprensión de los objetivos de empresa que un Data Warehouse contribuiría a alcanzar; es la fase de identificación y de comprensión de los desafíos;
- identificar de manera más precisa los proyectos a realizar para alcanzar los objetivos identificados anteriormente.

A esta fase le sucede la elaboración del plan de acción. Se trata de:

- Asegurar la viabilidad de cada uno de los proyectos. En efecto, un Data Warehouse se basa en datos existentes, por lo que hay que asegurarse de su existencia y de su calidad. También deben tenerse en cuenta las restricciones técnicas (ejemplo: capacidad y voluntad de soportar grandes volúmenes de datos) u organizativas (ejemplo: impactos demasiado importantes o juzgados no realistas, inadecuación de las soluciones propuestas a los modos de trabajo de los equipos implicados por el proyecto).

- Estimar los recursos necesarios para la implementación de cada proyecto (coste de desarrollo, costes de programas y materiales, coste de administración, duración...), así como los recursos necesarios para la implementación de la infraestructura técnica y organizativa. Esta fase permite también estimar las ganancias aportadas por cada realización, y por tanto evaluar el retorno sobre inversión de cada uno de los proyectos.
- Secuenciar y planificar la realización de los proyectos.

Infocentro operativo: colección de datos destinados a la ayuda a la decisión, orientados al tema, integrados, volátiles, actuales, organizados para el apoyo de un proceso de decisión puntual, en apoyo a una actividad particular...

Todas las etapas descritas aquí deben implementarse de una manera u otra para todas las empresas realmente comprometidas en un proceso de Data Warehousing. Pero no tiene sentido si el objetivo es construir un **infocentro operativo** o un almacén de datos para un ámbito aislado de la empresa, sin objetivo de integración en un entorno más completo.

Estas etapas pueden parecer largas de implementar; asimismo, a fin de mejorar el *time to market*, es tentador saltárselas o reducirlas a su mínima expresión. El riesgo es llegar a la construcción de un Data Warehouse sin objetivo claramente definido, como un fin en sí mismo y no como una palanca tecnológica al servicio de los desafíos de la empresa. Para convencerse, el lector puede consultar [LOV96], que analiza las razones del fracaso de un proyecto Data Warehouse.

Sin embargo, es posible limitar el objetivo de esta fase a un sector o a un ámbito preciso para la empresa, lo que le quita su carácter transversal. Esto es posible, con precauciones, para el primer proyecto de decisión. El objetivo buscado puede ser el retorno rápido sobre inversión, o la prueba del concepto para partir hacia metas más ambiciosas. Esto equivale a constituir un prototipo operativo, con retornos sobre inversión medibles. Sin embargo, en el segundo proyecto de decisión, esta fase deberá efectuarse imperativamente para que el Data Warehouse conserve su papel de punto focal. Si se sigue este método, hay que tener presente que el primer proyecto de decisión no entraña opciones demasiado estruc-

Esta fase puede dar lugar también al inicio de proyectos piloto, cuya función será probar concretamente el concepto de Data Warehouse en el contexto de la empresa.

turadoras (ejemplo: máquina costosa, pero de tamaño insuficiente para soportar varios proyectos, ausencia de documentación sobre los metadatos, etc).

Los prototipos pueden destinarse a probar los beneficios funcionales del concepto o a demostrar que son tecnológicamente factibles las iniciativas futuras.

El estudio estratégico

Iniciativa: proyecto de decisión que entra en juego en la construcción de un Data Warehouse en un método iterativo.

Esta primera fase parte de un análisis permite identificar la estrategia de la empresa, su organización, los procesos que implementa y la manera como los gestiona, su cultura. La finalidad es determinar los ámbitos para los que la implementación de un Data Warehouse aportará el mayor valor añadido a la empresa. Tras esta primera fase, se abre una pléyade de oportunidades. Éstas se descomponen entonces en subproyectos (o **iniciativas**) independientes y ordenados por prioridad.

Pongamos el ejemplo de una empresa del sector de la distribución a gran escala; el estudio se interesará por la estrategia de la empresa y sus grandes orientaciones actuales y futuras. Esto permitirá identificar el porqué del Data Warehouse en el contexto de la empresa. Por ejemplo, podrán alcanzarse objetivos de incremento de ventas y/o de los márgenes por medio de:

El estudio estratégico pasa progresivamente de lo general a lo particular, de la «visión de empresa» a lo operativo.

- un mejor seguimiento de las ventas;
- una optimización de las ventas de productos por categorías o por marcas;
- un mejor seguimiento de las operaciones promocionales;
- un mejor conocimiento de la clientela y un márketing mejor orientado;
- una mejora del *merchandising* o del aprovisionamiento a las líneas;
- una gestión óptima de los stocks;
- etc.

Progresivamente, los actores consultados deberán ser especialistas en el negocio de cada entidad operativa afectada. Por esta razón, es necesario que cada uno de los actores esté convencido de la necesidad y de la importancia del proyecto Data Warehouse, pero también de la necesidad de su

Sponsor: individuo o grupo de individuos cuya función es obtener la adhesión y la implicación de todos los actores afectados por la implementación del Data Warehouse. Debe promover el proyecto y garantizar la sinergia entre los usuarios y los equipos informáticos. Finalmente, debe gestionar los eventuales problemas políticos que la implementación de tales sistemas pueda engendrar.

implicación en la implementación del proyecto. Éste es el objetivo de la fase de sensibilización, que deberá preceder a la etapa descrita y de la que será responsable el **sponsor** del proyecto.

Esta fase puede no formar parte totalmente del proyecto Data Warehouse propiamente dicho. De hecho, ocurre a menudo que la motivación primera de la creación de un Data Warehouse es una consecuencia de una voluntad estratégica de la empresa más global (por ejemplo, que esté en continuidad con un método de reingeniería). En este caso, el Data Warehouse es una respuesta a las necesidades expresadas más arriba y resulta entonces más fácil poner en marcha esta fase.

La elaboración del plan de acción

A partir de los objetivos identificados en la fase precedente, y para cada proyecto contemplado, es necesario interesarse de manera más detallada por su viabilidad. En particular, habrá que interesarse por el sistema de información de la empresa para determinar los medios necesarios para la realización de los ámbitos de mejora definidos en la primera etapa.

El estudio de viabilidad evalúa cada uno de los proyectos para estimar su coste y los beneficios esperados.

El estudio de la viabilidad evalúa cada uno de los proyectos a fin de estimar su coste y su plazo de implementación y, cosa que a menudo se olvida, estimar los beneficios esperados y su plazo. Todas estas informaciones contribuirán a secuenciar los proyectos según su prioridad, determinar un plan de acción, incluso suprimir ciertos proyectos demasiado costosos, demasiado largos de rentabilizar o demasiado difíciles de implementar.

Las iniciativas contempladas en esta fase tienen normalmente dos características. Primero, su implementación será relativamente corta, con una duración típica de seis meses. En segundo lugar, están bien delimitadas, es decir, no cubren un espectro demasiado amplio. En caso contrario, el conjunto de los objetivos del proyecto será importante y algunos de ellos pueden ser incluso contradictorios. De hecho, la problemática de integración ocupará el lugar de la implementación.

Uno de los objetivos de la etapa es analizar los sistemas de producción, a fin de evaluar con precisión el capital de información sobre el que podrá basarse el Data Warehouse.

Pueden tomarse varias decisiones en este punto:

◆ Los datos existen o pueden reconstruirse. La iniciativa es entonces posible.

◆ Los datos necesarios para la construcción del Data-Warehouse no existen ni en la empresa, ni bajo forma externa y su presencia en el sistema interno no está prevista; entonces la iniciativa debe abandonarse o revisarse.

◆ Los datos necesarios para la implementación del Data Warehouse no existen ni en la empresa, ni bajo forma externa. Sin embargo, son estratégicos y se integrará próximamente en los sistemas operativos; la iniciativa debe recogerse. Puede tratarse entonces de determinar un plan de acción para poner en marcha los prerrequisitos de ésta.

◆ Los datos existen en forma de datos externos y, en este caso, la decisión de compra es un prerrequisito para la puesta en marcha de la iniciativa.

Al finalizar esta fase, las iniciativas se identifican y clasifican por orden de prioridad.

Las estimaciones que se efectúan en esta fase no se hacen de manera detallada, porque su objetivo es ante todo secuenciar los proyectos, y no determinar una planificación precisa para cada uno de éstos. Todas las evaluaciones efectuadas aquí se afinarán en la fase de realización de las iniciativas propiamente dicha. En fin, las estimaciones son cada vez menos detalladas según el nivel de prioridad. Antes de la implementación de una iniciativa poco prioritaria, el sistema operativo podrá evolucionar considerablemente, al igual que las necesidades de la empresa, dejando caducas las estimaciones.

A pesar de todo, las estimaciones deben afectar al máximo de iniciativas posible por dos razones. Primero, porque su resultado puede tener un impacto sobre la ordenación; una iniciativa poco costosa, aunque parezca menos estratégica, puede aportar un retorno sobre inversión rápido. En segundo lugar, para disponer de los elementos destinados a determinar la política tecnológica del Data Warehouse. Ésta debe formalizarse antes de la implementación de la primera iniciativa, y no puede ser formalizada sin tener una visión de lo que será el Data Warehouse de la empresa a largo plazo.

LA DETERMINACIÓN DE LA INFRAESTRUCTURA

Se trata de determinar la infraestructura necesaria para la puesta en marcha del Data Warehouse. Esta fase necesita evidentemente efectuar un cierto número de opciones tecnológicas, pero va más allá. Se trata también de determinar la infraestructura organizativa para su desarrollo, pero también de gestionar la conducción del cambio necesario para su constitución.

La determinación de la política tecnológica es fundamental. Son demasiados los que conciben la tecnología de manera demasiado dogmática. Avanzan ciegamente o niegan sin criterio ciertos conceptos informáticos. La realidad demuestra que muchos conceptos o características de las nuevas tecnologías, como la **escalabilidad** o los sistemas abiertos, sólo son interesantes porque permiten elegir los componentes informáticos mejor adaptados a su contexto de uso. Identificar claramente esto es pues fundamental, más que elegir tal o cual producto.

Escalabilidad: capacidad de un sistema o de una aplicación para adaptarse a la evolución de un contexto técnico (aumento o disminución de la carga, del número de usuarios, etc).

La infraestructura técnica

En este punto deben tomarse opciones tecnológicas, evidentemente en sincronía con la política más global de la empresa. Entre éstas, podemos citar:

◆ La elección del o de los proveedores de tecnologías: ¿hay que orientarse hacia el *One Stop Shopping*, propuesto por un editor de programas como SAS, un constructor, o hacia ciertos integradores? ¿O mejor inclinarse por ensamblar las mejores ofertas para cada módulo de la arquitectura? Elegir la primera aproximación tiene la ventaja de facilitar considerablemente la definición de la política tecnológica y reducir los costes de integración en la implementación, pero en este caso es conveniente asegurarse de que la solución elegida responderá a las necesidades actuales y futuras del proyecto. En el segundo caso, la flexibilidad aportada podrá aprovecharse para una adaptación ajustada a las necesidades de cada iniciativa y de cada grupo de usuarios. Habrá que considerar entonces el trabajo de integración necesario.

◆ La elección de las herramientas: ¿deben construirse, comprarse o aprovechar lo que se tiene? Esta problemática se presenta particularmente en los componentes considerados como opcionales, como son las herramientas de extracción o los referenciales. En efecto, la justificación económica, el cálculo de los riesgos inducidos por su ausencia sobre la perennidad del proyecto y la aportación en términos de mantenimiento de estas herramientas tendrán un eco más importante si su elección se contempla a nivel transversal a las iniciativas.

◆ ¿Cómo se utilizará el Data Warehouse, por qué y cómo se estructurará la organización que lo usará? Las respuestas a estas preguntas permitirán determinar qué arquitectura se utilizará: centralizada (un Data Warehouse), distribuida (varios Data Marts, sin Data Warehouse físico), replicada (un Data Warehouse físico y varios Data Marts)? Asimismo, permitirán determinar si se justifican tecnologías como Internet o la intranet para el sistema, para qué tipos de necesidad y para qué usuarios.

Multidimensional (SGBD): caracteriza una base de datos dedicada a la decisión, que almacena los datos en forma de una tabla multidimensional. Estos SGBD son una alternativa a los SGBD relacionales. Véase también SIAD.

◆ La elección de la estructura de almacenamiento: ¿debe ser relacional, **multidimensional** o híbrida (Data Warehouse relacional, Data Marts multidimensionales por ejemplo)? ¿Se dará primacía a la portabilidad o se acepta una fuerte adhesión a una herramienta, a un sistema o a un hardware para centrarse en el rendimiento o las funcionalidades?

◆ La elección del hardware: según los volúmenes contemplados, la población afectada, la arquitectura pensada y la flexibilidad esperada, pueden estudiarse diferentes gamas de hardware.

◆ La elección de las infraestructuras destinadas a la administración de sistemas, a la gestión de la seguridad, etc.

Es evidente que será necesario asegurarse de que todas las soluciones elegidas funcionan entre sí. En el mejor de los casos, descrito en los folletos comerciales, todas son compatibles. Pero la realidad aporta su paquete de decepciones: es preferible asegurarse también de que existen referencias comunes entre los editores seleccionados y de que el soporte técnico propuesto sabrá resolver las incompatibilidades eventuales entre herramientas heterogéneas.

La infraestructura organizativa

Paralelamente a estas elecciones, será necesario determinar la logística y la organización necesarias para la concreción de las iniciativas. El equipo responsable del Data Warehouse deberá diseñar cada iniciativa, desarrollarla y utilizarla. En este estadio, destaquemos que a nivel técnico un Data Warehouse es ante todo una mecánica de gestión de flujos de datos [HAC95]. Los equipos de desarrollo y uso se organizan a menudo respecto a lo siguiente:

- Un primer centro de competencias tiene la responsabilidad del proceso de alimentación de datos de los sistemas de producción hacia el Data Warehouse. Los individuos que constituyen el equipo deberán tener un buen conocimiento de los sistemas afectados, tanto en el plano técnico como funcional.

Administrador de base de datos, *Database Administrator* o DBA: experto técnico competente para uno (o más) gestor(es) de datos, capaz de escribir u optimizar programas de extracción, de carga o de acceso en el lenguaje del motor de datos.

- El segundo centro de competencias está encargado de la gestión y el soporte del Data Warehouse propiamente dicho. Los **administradores de datos** y de bases de datos especialmente constituirán este equipo.
- El último centro de competencia es responsable de los flujos de informaciones que transitan entre los usuarios y su puesto de trabajo por un lado, y el Data Warehouse por el otro.

Los implicados podrán formar parte alternativamente de una u otra de las tres celdas. Esto es particularmente válido para quienes se encargan de la administración de sistemas y de la seguridad, pero también para quienes disponen de un buen conocimiento de los ámbitos funcionales. Para estos últimos más particularmente, la naturaleza de los implicados podrá cambiar según las iniciativas.

Conducir el cambio

Según la experiencia de la empresa en el ámbito de la ayuda a la decisión, por una parte, y de las tecnologías y herramientas utilizadas, por otra, será necesario un plan de formación. También será muy importante que los miembros del equipo sean favorables al cambio, debido a las especificidades de los proyectos de decisión. Un desarrollador, por ejemplo, no podrá trabajar ante un informe de programación, sino que deberá tomar iniciativas, saber comunicarse con los usuarios y comprender sus necesidades en términos funcionales.

La formación y, más generalmente, la conducción del cambio no deben negligirse, bajo ningún concepto, para todos los actores afectados por el proyecto. Para un equipo informático, por ejemplo, una de las características de un proyecto de decisión es que es relativamente poco complejo de implementar técnicamente, pero está sembrado de trampas. Por ejemplo, supongamos que un programa de carga mal diseñado necesita horas para su ejecución. Si el equipo controla el entorno, en unos segundos el especialista del ámbito podrá disminuir este tiempo en un factor muy significativo. Si no lo controla, el problema bloquea el proceso y el proyecto encaja un retraso.

Sponsor: individuo o grupo de individuos cuya función es obtener la adhesión y la implicación de todos los actores afectados por la implementación del Data Warehouse. Debe promover el proyecto y garantizar la sinergia entre los usuarios y los equipos informáticos. Finalmente, debe gestionar los eventuales problemas políticos que la implementación de tales sistemas pueda engendrar.

La gestión del cambio no afecta únicamente a los informáticos; también es necesario, en esta fase, preparar el plan de gestión del cambio e identificar el o los **sponsors** cuya función será hacer que lo acepten los actores afectados. Según la dimensión del proyecto global, podrán necesitarse varios sponsors. En particular, a menudo es deseable identificar un sponsor por iniciativa, y cada uno de ellos se asocia en general a una entidad operativa (márketing, comercial, logística, finanzas, recursos humanos...).

LA IMPLEMENTACIÓN DE LAS APLICACIONES

Como hemos dicho anteriormente, esta fase se realiza para cada iniciativa que la fase de identificación de las necesidades ha permitido delimitar. El método propuesto aquí es un método en cinco etapas:

- una etapa de especificaciones, que define y planifica las etapas siguientes de manera más precisa y detallada que en las fases precedentes;
- una etapa de diseño;
- una etapa de implementación e integración;
- una etapa de despliegue, integrando la conducción del cambio;
- una etapa de medidas.

Figura 3.2
Las etapas de implementación de las aplicaciones.

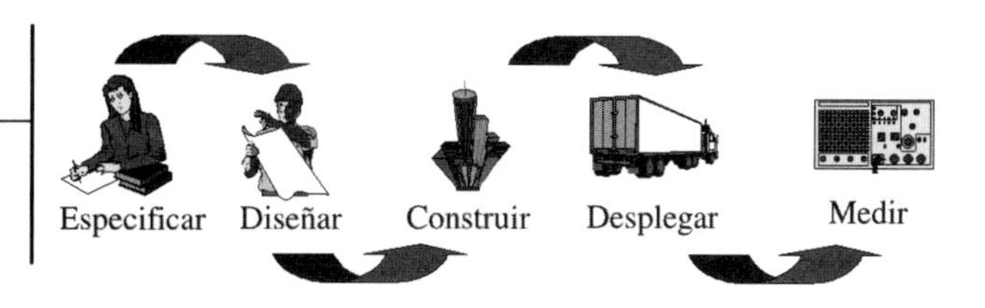

Esta división en fases resultará familiar a quienes tengan experiencia en la implementación de proyectos informáticos. Pero hay que insistir particularmente en las dos últimas etapas.

Hemos destacado ya la importancia de la conducción del cambio, pero aún no hemos tratado la importancia del control del despliegue. Un Data Warehouse utiliza implícitamente tecnologías cliente/servidor. Si bien hay acuerdo unánime sobre los menores costes del cliente/servidor comparados con los de entornos más tradicionales, todos los estudios demuestran que esta tecnología puede inducir costes ocultos. Si estos costes son ocultos es porque no se controlan, y esta falta de control afecta especialmente a la fase de despliegue, en general ignorada o insuficientemente industrializada. Cuidado, pues, con caer en esta trampa.

Dos artículos aparecidos en el *Journal of Data Warehousing* ([SKE96], [LOV96]) presentan esencialmente los éxitos en este ámbito en términos de retorno sobre inversiones, ganancias de partes del mercado, reducción de stocks, etc. Si el balance de la implementación de una aplicación Data Warehouse puede enunciarse en estos términos, es una palanca para los desarrollos siguientes. Esta etapa de medición es la que debe aportar este tipo de información. El Data Warehouse es en sí mismo la herramienta ideal para efectuar estas medidas, siempre que se haya tenido en cuenta este objetivo en su diseño, porque los datos que reúne son fechados y no volátiles.

La etapa de medición es esencial para la perennidad del Data Warehouse.

La etapa de medición permite hacer también balance de la realización y capitalizar los éxitos y fracasos encontrados durante el desarrollo de la aplicación. Idealmente, esta etapa se repite regularmente, para hacer un seguimiento de las mediciones y determinar las necesidades de mejora de la aplicación.

Hasta ahora, la fase de implementación se ha presentado como una sucesión secuencial de etapas. Evidentemente, también puede desarrollarse de manera iterativa, según una lógica de tipo RAD ([MAR91], [VON92].

Puede ser también muy provechoso descomponer esta fase en dos subetapas. La primera se destina a desarrollar un prototipo y la segunda al despliegue a una escala más importante.

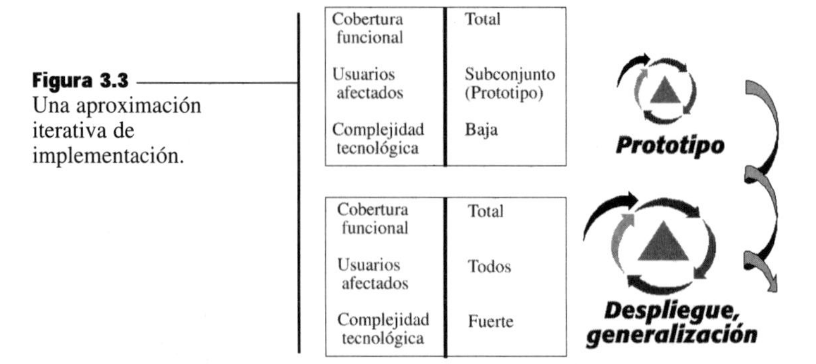

Figura 3.3
Una aproximación iterativa de implementación.

El objetivo de este método es empezar por un proyecto de tamaño modesto reduciendo al mínimo su complejidad tecnológica. En la distribución a gran escala, por ejemplo, el prototipo podrá afectar sólo a algunos almacenes cuyos sistemas sea relativamente homogéneos. La complejidad tecnológica se reduce y será más fácil centrarse en el aspecto funcional. Una vez realizado el prototipo, podrá ser probado y utilizado por usuarios piloto, para posteriormente, tras haber satisfecho y probado su valor, el proyecto podrá desplegarse a mayor escala y, en esta etapa, la problemática se expresará esencialmente en términos de implementación técnica y de conducción del cambio para los usuarios afectados por el despliegue.

CONCLUSIÓN

La aproximación presentada aquí se descompone en tres fases. Los dos primeras, llamadas «Descubrir y definir las iniciativas» y «La determinación de la infraestructura organizativa», permiten determinar un plan de acción y dotarse de la infraestructura necesaria para implementar las aplicaciones de decisión. Se necesita una visión transversal del sistema de decisión a escala de la empresa. Cada aplicación que la primera fase ha permitido definir luego se implementa y despliega. La figura siguiente presenta esta aproximación.

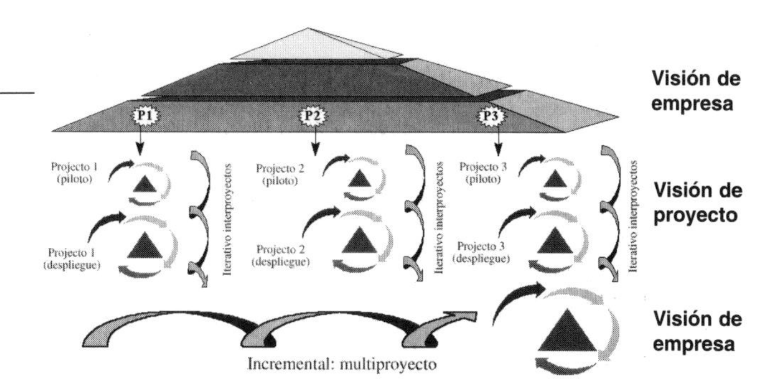

Figura 3.4 Implementación de un Data Warehouse. Dos visiones del Data Warehouse coexisten en esta aproximación:
◆ una visión de empresa o global;
◆ una visión de proyecto o local.

Dos visiones del Data Warehouse coexisten en esta aproximación:

◆ Una visión de empresa: los proyectos se identifican en la primera fase. A medida que se implementan, la infraestructura global del Data Warehouse se enriquece: desde este punto de vista, el método propuesto es incremental. En efecto, cada proyecto es visto de manera independiente y responde a un objetivo de negocio delimitado. Pero participa también en la construcción del Data Warehouse integrándose en él.

◆ Una visión de proyecto: los proyectos identificados en la fase inicial se convierten en aplicaciones, por ejemplo por una descomposición en dos etapas. En primer lugar, la realización del prototipo operativo permite concretar un subconjunto del proyecto identificado y desplegarlo en lugares piloto. Esta fase va seguida por el despliegue propiamente dicho del proyecto para todos los sitios afectados de la empresa. Desde este punto de vista, el proceso de desarrollo es iterativo. Estas dos subfases se descomponen a su vez en cinco etapas: la especificación, el diseño, la implementación, el despliegue y la implementación de medidas de seguimiento y, finalmente, las mediciones.

Es necesario adaptar esta aproximación a cada contexto de empresa, porque es ilusorio presentar un método completo y universal sobre la implementación del Data Warehouse. Si bien la literatura se enriquece cada día con nuevos puntos de vista sobre este tema, éstos no comparten el mismo punto de vista. Aunque no existe hoy un consenso sobre el método, todo el mundo está de acuerdo en la necesidad de un referencial de Data Warehouse, base técnica de la administración de datos. El capítulo siguiente incide en esta problemática y el estado de la cuestión asociado.

4 Administración de los datos

Referencial: estructura de almacenamiento de los metadatos. Un referencial federa estos metadatos, contrariamente a los catálogos, que son en general específicos de cada herramienta. Se distingue el *Data Warehouse Repository,* que federa los metadados de la base de decisión, del *Enterprise Repository,* que incluye en teoría todos los metadatos de la empresa, tanto transaccionales como de decisión.

Un proyecto de Data Warehouse acarrea inevitablemente un problema de administración de los datos. Este tema debe situarse en el centro de los desvelos desde la fase de diseño de la arquitectura. Este capítulo intentará ante todo encuadrar esta noción respecto al Data Warehouse. En él detallaremos:

- la problemática de la administración de los datos en el marco de un Data Warehouse;
- la noción de **referencial** de datos.

Posteriormente, describiremos la implementación de una administración de datos. Para ello, deben tenerse en cuenta dos tareas importantes:

- prever las herramientas, las personas, los recursos, la organización de la función de administración de datos;
- implementar el *Data Warehouse Repository*; presentaremos las diferentes herramientas del mercado que se pueden integrar a este nivel.

Finalizaremos con las especificaciones de una herramienta ideal. Por el momento, la oferta de herramientas de administración de datos es joven y aún debe completarse. Describiremos una lista de funcionalidades hacia las que es deseable que los editores lleven a evolucionar sus productos.

GENERALIDADES

Problemática de la administración de los datos en el marco de un Data Warehouse

Metadatos

Los metadatos son informaciones sobre los datos indispensables para una utilización eficaz de un Data Warehouse. Forman un conjunto de informaciones de administración y de seguimiento para el proyecto de decisión. Más precisamente, los metadatos representan todas las informaciones necesarias para el acceso, la comprensión y la utilización de los datos del Data Warehouse: semántica, origen, reglas de agregación, almacenamiento, formato, utilización...

Por ejemplo, veamos una manera de calificar este tipo de informaciones designadas con el término *metadatos*:

Tipo de información	Significado
semántica	¿Qué significa este dato? ¿Qué significa «cifra de negocio»? ¿Qué significa «cliente»? ¿Para qué sirve, quién la necesita? Esta pregunta se hace únicamente desde un punto de vista funcional.
origen	¿De dónde proviene? ¿Dónde, por quién y cuándo ha sido creada, actualizada?
regla de cálculo	¿Cómo se calcula, cómo se calcula la cifra de negocio a partir del montante elemental de cada una de las facturas o de los contratos o eventualmente de los servicios anexos o de subcontrataciones, etc.? Muchos conceptos corresponden a un negocio y una regla de cálculo corresponde a una regla de gestión.
regla de agregación	¿Cuál es el perímetro de consolidación? Por ejemplo, para el dato «cifra de negocio europeo», ¿qué significa «el conjunto de países europeos»? Esta noción puede cambiar según las empresas o según la organización.
guardado, formato	¿Dónde y cómo se guarda, cuál es su formato: «cifra de negocio» en pesetas, en dólares, sin tasas, precio neto, etc. ¿Cuál es su ámbito de valores?
utilización	¿Cuáles son los programas informáticos que la utilizan? ¿Cómo y en qué máquinas está disponible? ¿Durante cuánto tiempo se conserva?

Hay una regla primordial: todos los datos deben ir documentados por un conjunto de metadatos. Por ejemplo, si interesa la «cifra de negocio consolidada en Europa para tal línea de productos y tal organización», hay que definir exactamente lo que cubre esta expresión, su modo de cálculo, etc. El dato está necesariamente vinculado a otros objetos del sistema de información; por tanto, también es necesario representar, describir y almacenar estas interacciones con otros datos.

Tipo de enlace	Definición
ámbitos, temas	El Data Warehouse se estructura más bien por tema. Por tanto, cada dato se indexará por tema o por ámbito.
estructura organizativa, estructura geográfica	El dato se indexará igualmente según la estructura organizativa o geográfica, porque un dato puede tener sentidos ligeramente distintos según la persona que la manipula.
conceptos genéricos	La noción de producto se declinará en línea de productos, servicios, servicios postventa, etc.
aplicaciones, programas	El dato será manipulado por una o más aplicaciones o programas.
tablas, columnas	El dato se sitúa en una o más columnas, tablas y bases de datos
sedes, máquinas	Esta rúbrica representa la localización física (sede informática y máquina) del dato.

Los metadatos servirán pues para enriquecer el dato almacenado en un Data Warehouse.

Existen varias maneras de representar y almacenar estos metadatos. Para facilitar su acceso y manipulación, se podría utilizar una ficha que contenga una descripción del dato y de sus enlaces. Pero, generalmente, se utiliza un simbolismo habitual en informática: los modelos de datos en el sentido Merise del término. Los metadatos se expresan en forma de modelos conceptuales y de modelos lógicos de datos (MCD y MLD). Así, se obtiene una visión sintética que permite navegar entre los diferentes datos.

Modelo de datos: esquema de una base. El modelo describe las tablas, los atributos, las claves, las restricciones de integridad. El modelo relacional describe las tablas de dos dimensiones (línea y columna). El modelo multidimensional no limita el almacenamiento de los datos en el espacio.

Estudiemos con mayor detalle las relaciones entre estos modelos. Por un lado, tenemos bases de datos operativas y, por otro, el Data Warehouse. Se puede considerar que cada base de datos tiene, al menos teóricamente, un **modelo de datos** que le corresponde: una manera local de describir los datos, es decir, un conjunto de metadatos asociados. Ahora bien, estos modelos son locales. Para un Data Warehouse, necesitamos ampliar esta visión a fin de consolidar esta visión a nivel de empresa. La idea es obtenenr una representación única de un dato sea cual sea el sector o el actor de la empresa. La ambición perseguida: federar el conjunto.

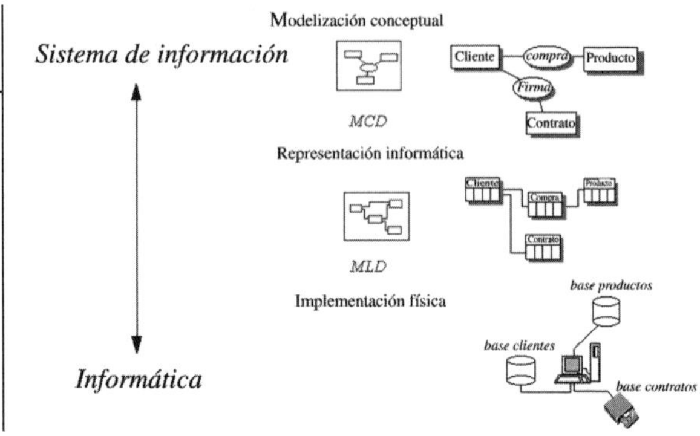

Figura 4.1 Representación y almacenamiento de los metadatos.

Por esta razón, la necesidad de una función de gestión de los metadatos aparece claramente en la implementación de un proyecto de decisión de Data Warehousing, función que se llamará habitualmente «administración de los datos». El conjunto de herramientas necesarias para la implementación de tal función es el *Data Warehouse Repository* o «referencial del Data Warehouse». Esta herramienta debe ser capaz de gestionar y construir un modelo de empresa, enriquecido con datos de seguimiento propios del Data Warehouse.

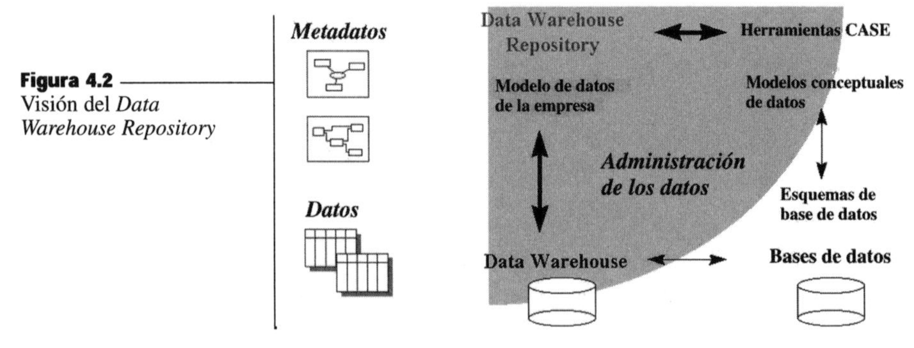

Figura 4.2 Visión del *Data Warehouse Repository*

Coherencia y fiabilidad

La administración de los datos es la función que permitirá ante todo garantizar la coherencia del modelo global. Esta coherencia no es inmediata y a menudo es necesario implementar una función dedicada a esta tarea. Esta función se encarga por ejemplo de todos los problemas de arbitraje entre los diferentes puntos de vista de la empresa (por ejemplo, la noción de margen puede diferir según los servicios).

Existe ya una función de este tipo en ciertas empresas. Antes de la llegada del Data Warehouse, algunos se dieron cuenta de la diversidad de los sistemas de la empresa: la producción, la investigación, el servicio comercial, la contabilidad, el márketing, etc., tienen normalmente sus propios sistemas operativos que tienen generalmente muy mala disposición para intercambiar datos. El Data Warehousing, por su aproximación, obliga naturalmente a enfrentarse al problema. Es importante entonces implementar a nivel de grupo o a nivel de empresa funciones de federación, de pilotaje de los diferentes proyectos, para asegurarse de la coherencia de las bases. En el marco de un Data Warehouse, se encuentran los problemas habituales de administración de los datos –ya de por sí complejos de resolver– y son normalmente aún más agudos.

Recordemos ahora cuáles son estos problemas, relacionados tradicionalmente con la administración de los datos:

◆ **Redundancias, sinonimias, duplicados.** La visión del cliente desde un punto de vista comercial no es la misma que desde el punto de vista de la contabilidad, la gestión administrativa o el servicio postventa. En ocasiones se puede incluso duplicar bases de datos; esto presenta un problema de administración.

◆ **Incoherencias según el origen o en el tiempo.** La noción de producto puede no ser la misma en todas partes a pesar de una denominación idéntica.

◆ **No reutilización** de los modelos, las estructuras o los ámbitos de valores.

◆ **No capitalización del conocimiento.** Conceptos habituales, como producto, contrato o cliente se redefinen regularmente, en ocasiones de manera contradictoria.

◆ **No fiabilidad, según el origen del dato.** La calidad del dato puede ser aleatoria (por ejemplo, presencia o no de un dato).

En el marco del Data Warehouse, encontraremos los mismos problemas con el agravante de la necesidad de consolidar y agregar los datos, por lo que será necesario un esfuerzo suplementario para asegurar:

- **La fiabilidad** de la información.

- **La coherencia y la independencia** respecto a las diferentes fuentes de datos. Los datos no provienen sólo del interior de la empresa, sino también del exterior. En ocasiones, el mismo dato puede provenir de ambos orígenes a la vez y, en este caso, hay que tener capacidad para regular los problemas de arbitraje. Es decir, hay que saber elegir el mejor dato, el más juicioso.

- **La consolidación** de las informaciones, la gestión de los agregados. Es crucial definir de manera única un dato, particularmente un dato calculado. Por ejemplo en contabilidad, interpretar correctamente una misma cifra de negocio depende del perímetro de consolidación, es decir, del sentido que se dará a dicha cifra de negocio. En este caso, hay que poder gestionar los factores tiempo (de un año a otro, la definición puede haber cambiado) y el espacio (tal vez no se tengan en cuenta los mismos elementos para la filial alemana que para la filial española, etc.).

- **El historial** de los datos, la gestión de versiones, la evolución de los modelos de datos. Afortunadamente, el mundo cambia y los sistemas operativos deben reflejar estas modificaciones. Por ello, la estructura de los datos tiende a variar en el tiempo. Entre los antiguos sistemas y los nuevos, no se considera forzosamente a un cliente de la misma manera. En este caso, puede ser que haya en el antiguo sistema dos bases de datos «cliente», una base comercial y una base administrativa, por ejemplo, una en prospección, la otra en gestión de cuentas. Si el nuevo sistema de informaciones los fusiona porque introduce la noción genérica de «Persona», hay que ser capaz de gestionar las versiones de historiales.

- **La gestión de la replicación y de la distribución** de las informaciones. Si se decide descentralizar una parte de los datos, debe definirse y precisarse una lógica de tipo de datos dominantes y datos esclavos.

En realidad, la administración de datos es siempre un problema de fondo para la empresa. Cuanto antes ésta tome conciencia del problema, más fácil resultará la implementación del Data Warehouse. Por el contrario, es importante no relajar el esfuerzo y profundizar en este tema, porque el Data Warehouse añade más complejidad al problema.

En este sentido, se puede formular la cuestión del coste de tal operación. Ante los costes previsibles, se puede ya hacer la pregunta: ¿Compensa el esfuerzo frente a los beneficios que se pueden esperar?

Razonemos mediante el absurdo. ¿Cuánto cuesta no hacer nada? ¿Podemos permitirnos no gestionar la coherencia de los datos cuando implementamos un Data Warehouse? Se puede comparar el coste de implementación del referencial y de la función de administración con los riesgos que con su ausencia emprende la empresa.

Aparecen claramente dos consecuencias. La primera se manifiesta a nivel funcional. La coherencia y la no redundancia de los datos permiten garantizar funcionalmente el sentido de los datos agregados. Por ejemplo, en el caso de comparación e interpretación de datos de orígenes diversos, se corre el riesgo de:

- Falsear la interpretación de los resultados. ¿La noción de país es la misma desde el punto de vista de la producción y de la contabilidad?
- Hacer aumentar las redundancias de información.
- Incrementar inútilmente el volumen global de informaciones a gestionar. ¿Por qué tener diez fuentes de información a nivel del cliente? Gracias al Data Warehouse, se podrán federar estas fuentes y eventualmente delegar la responsabilidad de un dato a un actor determinado en la empresa. En nuestro ejemplo, el servicio de márketing, el comercial o el de producción podría ser motor en la gestión de la clientela.

Tomemos otro ejemplo. Hagámonos la pregunta siguiente: en nuestra empresa, ¿cuántos archivos distintos tenemos de clientes, de productos, de contratos, de proveedores? Aunque el término archivo es un término técnico, cinco archivos de clientes corresponden en realidad a cinco visiones funcionales distintas. Si se es capaz de federar el conjunto de estas vistas, se podrá asegurar la coherencia global del sistema. La alimentación del Data Warehouse se verá facilitada. Pero fusionar archivos de clientes no es tarea trivial. Asegurar la cohesión en este caso de ejemplo exige tener presentes varios objetivos:

- Respetar la coherencia de los **conceptos:** ¿se trata de la misma definición del cliente en todas partes? Una filial española puede no tener la misma definición que otra filial europea. Si el cliente es EDS, puede tratarse de un servicio o de una filial, o incluso de una persona en EDS, lo cual es muy distinto en términos de datos asociados.

- Respetar la coherencia de las **informaciones:** ¿cuáles son las propiedades comunes a las diferentes vistas de «cliente»?

- Unificar la **representación** de los datos: para una misma propiedad, ¿se cuenta con el mismo formato de representación, los mismós umbrales de valores? Un ejemplo típico es la gestión de direcciones, que presenta a menudo problemas de representación y de codificación.

- Verificar la **no redundancia** de las ocurrencias: ¿se trata del mismo cliente y de las mismas informaciones que le afectan? Si es así, ¿cómo proceder a la eliminación de duplicados en los archivos existentes (y con qué criterios)? En este tipo de problema, la herramienta informática no siempre puede aplicarse: la problemática es aquí a menudo puramente funcional. El método correcto es definir primero una estructura de acogida en el Data Warehouse único y luego purificar los datos eliminando las redundancias.

Ciertos clientes de nuestro entorno profesional han dividido por dos el número de ocurrencias de sus archivos de clientes. Imaginemos una empresa que tiene como cliente a SEAT. ¿Debe considerarse a Volkswagen como un nuevo cliente? ¿Es Audi un cliente distinto o un subcliente del anterior? La noción de cliente, a primera vista evidente, se complica cuando se tiene en cuenta la dimensión organizativa de la empresa. Esto lleva a encontrar en los archivos clientes registros del tipo «SEAT» que intentan recoger el conjunto de todas las declinaciones posibles relacionadas con SEAT.

La segunda aportación es un argumento muy fuerte porque está relacionado directamente con la informática. La administración de los datos contribuye también a simplificar técnicamente los sistemas de información gracias a:

◆ **La disminución del número de archivos** y de ocurrencias mediante la eliminación de duplicados en los archivos comunes, es decir, la operación consistente en identificar y suprimir las redundancias de información. Esta tarea no debe hacerse únicamente sobre el valor de los campos (por los informáticos), sino esencialmente sobre la semántica de las ocurrencias (por los expertos en la materia).

◆ **La unicidad** de la introducción y el almacenamiento de las informaciones. El hecho de organizar un circuito de la información y de actualizaciones permite limitar la introducción y el almacenamiento: éste es uno de los objetivos del Data Warehouse.

◆ **La coherencia** de las actualizaciones y **la disponibilidad** inmediata de la información para el conjunto del sistema. Por ejemplo, en un sistema clásico, se actualiza un cliente en el momento de la prospección y se necesita tiempo para que esta actualización se transmita hasta la contabilidad. Cuando llega el momento en que debe facturarse al cliente, tal vez no exista aún en el lugar adecuado. Otro ejemplo: el de un catálogo comercial de productos siempre en sintonía con el catálogo de producción.

◆ **La fiabilidad** de las informaciones independientemente del proceso que las ha creado o actualizado. El Data Warehouse se convierte en la fuente de datos de referencia única: garantiza una información al día y por tanto fiable en los análisis efectuados.

◆ **Las economías** sobre las interfaces entre gestores de datos: conversiones, programas de actualización en cascada entre las diferentes bases. Un banco francés disminuyó así a la mitad sus flujos entre ámbitos (flujo que transporta prácticamente las mismas informaciones).

El interés relacionado con la administración de datos es doble: una aportación funcional para los usuarios por una coherencia mayor de los datos y un progreso informático gracias a una mejor calidad del sistema de información.

Noción de referencial de datos

Acabamos de ver el principio de funcionamiento de la administración de datos. Pero esta función no puede implementarse sin una herramienta. La herramienta que contiene todos los datos y sus enlaces se denomina «referencial de datos». Un referencial de datos para el Data Warehouse (o *Data Warehouse Repository*) es un referencial de datos en el que se describen el origen y la localización de los datos, así como las reglas de consolidación de los datos agregados e historiados.

Es un diccionario en el sentido informático del término, que contiene las descripciones de los datos del ámbito considerado. Pero no todo diccionario es forzosamente un referencial.

Un **referencial** es un «conjunto validado y coherente de modelos a los que se puede acceder y que pueden ser comprendidos y reutilizados por otras personas distintas de quienes los han concebido». Si el desarrollo aplicativo no está documentado, no puede ser reutilizado ni modificado por otros. Obsérvese que esta definición no se refiere únicamente a los modelos de datos. Puede tratarse de referencial de reglas de gestión, de procesos, de definiciones...

MCD: Modelo Conceptual de Datos.
MOD: Modelo Organizativo de Datos.
MLD: Modelo Lógico de Datos.

Estos modelos forman parte de una terminología propia del método Merise.

Un **referencial de datos** tiene una definición más precisa. Es un «conjunto validado y coherente de modelos de datos (MCD, MOD, MLD) que permiten garantizar su coherencia y su reutilización a la vez horizontal (entre los diferentes ámbitos y proyectos) y vertical (entre los niveles conceptual, organizativo y lógico)». La coherencia horizontal significa que el mismo concepto es coherente en todos los ámbitos (en los modelos de datos para la contabilidad y la producción por ejemplo). El referencial de datos es, pues, un conjunto de modelos comprendidos y reutilizables por personas distintas de sus diseñadores, coherente horizontal y verticalmente.

Un **referencial de datos para el Data Warehouse** es «un referencial de datos de empresa, que gestiona también la localización, el reparto, la replicación, así como los enlaces con los datos operativos y las reglas de gestión relacionadas con la agregación y el historial de los datos».

El *Data Warehouse Repository* está pensado para recoger el conjunto de modelos de datos necesarios para la construcción y la utilización de un Data Warehouse.

Modelo relacional: técncia de modelado consistente en descomponer una base de datos en entidades y relaciones que correlacionan estas entidades.

Tomemos por ejemplo una base de datos operativa con su **modelo relacional.** Para construirla, puede ser que se haya utilizado herramientas de diseño (*CASE Tool*). Antes de crear el Data Warehouse, primero hay que diseñar su modelo, lo que equivale a consolidar todos los modelos locales. El *Data Warehouse Repository* debe permitir federar esta operación (comunicar con las herramientas de tipo CASE) y almacenar el modelo global. Posteriormente, este modelo global servirá para construir la aplicación Data Warehouse, las interfaces, los programas de extracción y las consultas.

En esencia, este modelo es muy técnico. Resulta de difícil acceso para los usuarios. Para difundirlo a todos los usuarios del Data Warehouse, que sólo quieren conocer la definición de un dato (semántica, origen, fecha de actualización...), habrá que documentarlo en el referencial. Luego, el usuario no tiene más que extraer del *Data Warehouse Repository* las definiciones que le interesen, generalmente bajo forma textual. Para ello, la coherencia del conjunto debe mantenerse de forma automática o manual. Es necesario haber previsto el procedimiento organizativo de actualización del referencial en los dos sentidos y determinado por adelantado a quién incumbe la responsabilidad de estas tareas.

El esquema siguiente resume esta cadena de tratamiento.

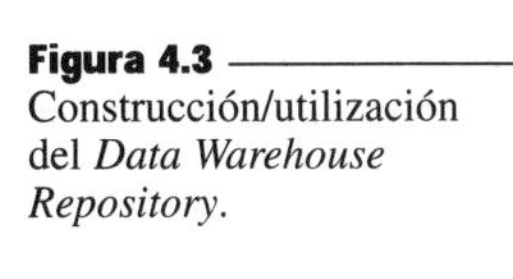

Figura 4.3
Construcción/utilización del *Data Warehouse Repository*.

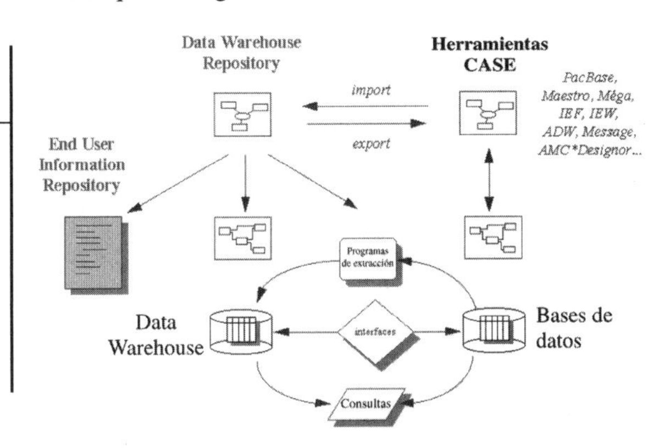

La implementación de este tipo de herramienta no es simple. Hay que hacer frente a un problema de organización. Un referencial de datos no es la simple yuxtaposición de *n* diccionarios de modelado. No basta, desafortunadamente, con ir a buscar todos los modelos de datos existentes y ponerlos en un diccionario más voluminoso. La construcción del referencial del Data Warehouse es un proyecto en sí mismo, que es necesario prever en paralelo al del Data Warehouse propiamente dicho. No se trata sólo de un problema técnico, sino también de un problema de diseño y por tanto un problema humano. Por ejemplo, cuando existen varias definiciones del *cliente*, esto expresa el hecho que los usuarios tienen varias visiones del *cliente*. Los arbitrajes que resultan de ello pueden ser largos y difíciles. Lo ideal es prever un subproyecto en el interior del de implementación del Data Warehouse, encargado de regular estos problemas específicos relacionados con los conflictos sobre los datos de empresa.

En resumen, organizar e implementar un referencial de datos de empresa exige un método, una organización, herramientas, modelados de datos existentes (se necesita materia prima) ¡y una oportunidad para hacerlo! (hay que estar muy motivado: esto resulta costoso en tiempo y en dinero).

IMPLEMENTACIÓN

Ante todo, no existe una sola manera de proceder. En todos los casos, la problemática debe considerarse bajo dos ángulos: el aspecto organizativo y el aspecto técnico. El error clásico consiste en elegir una herramienta antes de que los procedimientos estén definidos. Comprar una solución llave en mano es muy arriesgado: las funcionalidades de la herramienta condicionarán entonces la organización del proyecto. Pero la administración de datos no es un problema técnico, sino funcional o incluso de estrategia de empresa. Nombrar a un técnico como responsable de la herramienta no tiene sentido. Para ilustrar esto, tomemos el ejemplo de una empresa muy descentralizada. Ésta no está forzosamente interesada por la unicidad del archivo de clientes. Centralizar esta información en un archivo único podría ser ser incluso muy inconveniente y chocar con su estrategia. Se observa en este ejemplo que la solución de centralización de los datos no debe ser un reflejo sistemático: es necesario ante todo presentar el problema en función del contexto y sus restricciones. Y para ello es necesario implementar una estructura de reflexión que tenga también el poder de decisión. Todo esto conduce finalmente a crear una función de administración de datos vinculada al Data Warehouse.

Aspecto organizativo

La administración de los datos (DWA, *Data Warehouse Administration*) del Data Warehouse es una función que debe declinarse a varios niveles: por ejemplo, empresa, ámbito, proyecto. No hay reglas universales sobre el nombre y la naturaleza de estos niveles para obtener un sistema consolidado y coherente. Precisemos los diferentes niveles de administración:

◆ DWA centralizada: las normas deben definirse a nivel de la empresa; debe pensarse en una cartografía de referenciales y el modelo de datos es global a la empresa.

◆ DWA descentralizada, *Data Marts Administration* (DMA): en este caso, se podrá organizar la administración por ámbitos funcionales (contabilidad, márketing...), por ámbitos de aplicación (GPAO, facturación...), por entornos técnicos (sede central, C/S, micros en agencias, Bull, IBM, DEC...) o por sedes geográficas (Data Marts para Alemania, para Estados Unidos...).

◆ Administración local de proyecto: se encuentra aquí un caso clásico de gestión de los datos de una aplicación. Los modelos de datos (MCD, MOD, MLD) son locales y describen generalmente datos operativos.

Para que un Data Warehouse siga vivo, debe instituirse la función de administración de los datos para todo proyecto encargado de desarrollar una aplicación que deba alimentar el Data Warehouse.

Veamos un ejemplo de organización y de principio de funcionamiento respecto al proyecto de desarrollo de un producto *X*.

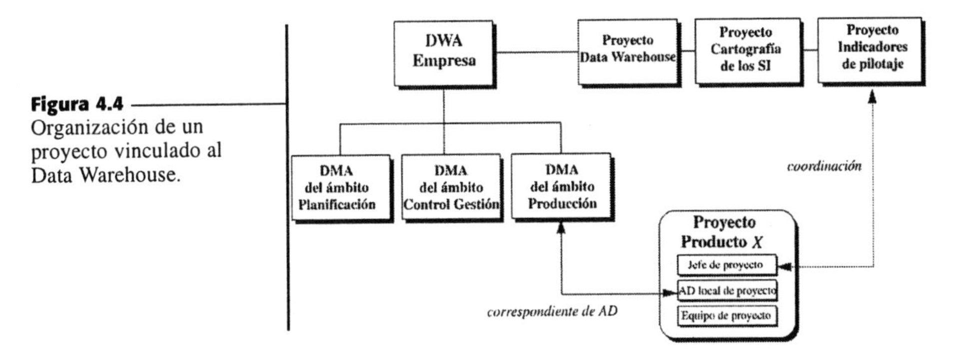

Figura 4.4 Organización de un proyecto vinculado al Data Warehouse.

Después, es absolutamente necesario prever de manera precisa los procedimientos de administración de referenciales en términos de creación, validación, actualización, integración, arbitraje, renormalización, difusión de los metadatos.

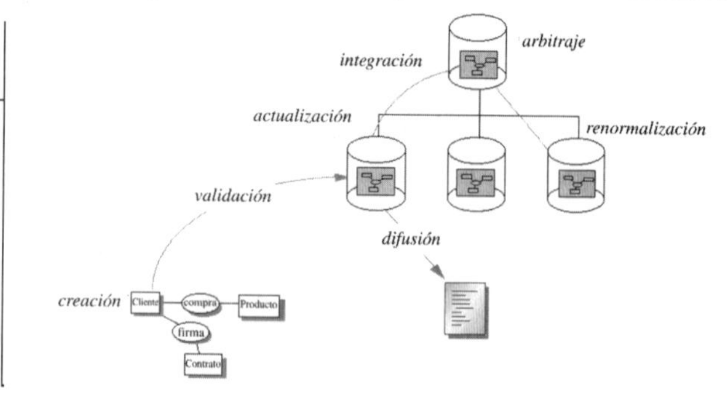

Figura 4.5 Procedimientos de administración de referenciales.

Administrador de datos: experto en el negocio que conoce la semántica de los datos de la empresa y se encarga del referencial de datos. En este sentido, es capaz de arbitrar los conflictos inherentes a la constitución de definiciones únicas de los objetos de negocio de la empresa.

Este problema debe abordarse haciéndose diversas preguntas. En primer lugar, hay que describir el procedimiento de **creación**. ¿Dónde y cómo se crean los metadatos? ¿A partir de un modelo conceptual de datos, de una fase automática de importación del modelo físico (de tipo *reverse engineering*)? ¿Corresponde al **administrador de datos** hacerse cargo de esta operación o bien al jefe de proyecto? ¿O bien a algún otro: alguien de la administración central o de una entidad distinta? Este procedimiento de alimentación del referencial debe especificarse claramente.

En segundo lugar, hay que prever un procedimiento de **validación**. No basta con haber creado un referencial, también hay que validar el contenido funcional y técnico, así como su codificación. Esto lleva a verificar la coherencia de los metadatos iniciales del referencial.

Luego, la etapa siguiente concierne al procedimiento de **actualización** propiamente dicha del referencial. Esta tarea cae generalmente bajo la responsabilidad del administrador de datos. A partir de este momento pueden encadenarse una serie de procedimientos más complejos: procedimientos de **integración** (dar coherencia), de **arbitraje** y de **renormalización**.

Finalmente, una vez dada la coherencia, la información almacenada en los referenciales puede difundirse hacia los equipos técnicos o bien hacia los usuarios. Hay que prever, por tanto, el procedimiento de **difusión**, es decir, los circuitos de difusión y un modo de difusión lo más agradable posible. *Por el contrario*, dar un listado informático ilegible al usuario equivale a no obtener ningún beneficio de la función de administración de datos implementada.

Aspecto técnico

Teóricamente, es posible hacer la administración de datos de manera manual (yendo a mirar dónde se encuentran los datos, comparar las estructuras, modificarlos y actualizarlos...). Prácticamente, esto rápidamente se convierte en algo difícilmente manejable. Esquemáticamente, los modelos de datos que entran en el referencial deben ser comparados, almacenados y difundidos. A grandes trazos, la operación es análoga a la constitución de un diccionario de datos clásico en un entorno de desarrollo rápido de programas (RAD). Pero un *Data Warehouse Repository* debe ser mucho más que un simple diccionario. Para demostrarlo, comparemos ambas aproximaciones.

Un RAD (*CASE Tool*) tiene las características siguientes:

- Está constituido por un referencial central que contiene todas las informaciones, no sólo los modelos de datos sino también los modelos de tratamientos, las reglas de gestión, los flujos y la descripción de las aplicaciones. Además, está dotado de mecanismos sofisticados, como funciones de cartografía, de diseño, de rediseño, de realización, de mantenimiento, de documentación, de seguimiento de proyecto, permitiendo acceder a estas informaciones, actualizarlas, difundirlas.
- Puede ser mono o multiplataforma.
- Puede ser mono o multibase de datos.
- Es generalmente monométodo de diseño. Está pensado como una herramienta para servir a un método de diseño específico. En ocasiones, un RAD puede ser propuesto con varios métodos, pero la empresa que lo adquiere elige sólo uno.
- Es coherente *a priori* y ésta es su aportación principal.
- Su arquitectura es fundamentalmente centralizada.

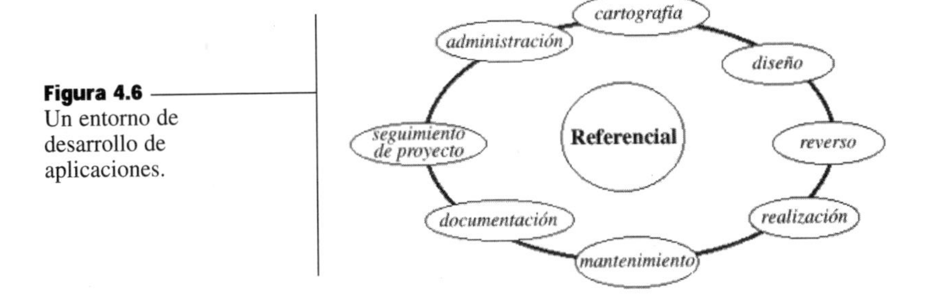

Figura 4.6
Un entorno de desarrollo de aplicaciones.

Un *Data Warehouse Repository* debe ser visto y pensado como referencial de referenciales. Tomemos el ejemplo de una empresa que utiliza el RAD *PacBase*. En este caso, puede ser que los datos de la empresa no estén todos descritos en PacBase. Es probable que ciertos datos sean locales o bien sean datos provenientes de antiguas aplicaciones. En este caso, se da una confrontación con un problema de federación de varios referenciales de datos.

En un Data Warehouse, hay que imaginar y diseñar un referencial de referenciales al menos a dos niveles con las características siguientes:

- Es *a priori* multiplataforma.
- Es *a priori* multibase de datos.
- Puede ser multimétodo. La parte conceptual puede estar descrita en una herramienta anglosajona. Sin embargo, en fase de realización, se ha podido utilizar el método francés Merise, lo cual no dejará de engendrar problemas derivados del cambio de formalismo. Finalmente, la herramienta de cartografía puede ser una tercera herramienta, los datos técnicos pueden ser gestionados por otro diccionario de datos, etc.
- Gestiona *a priori* la incoherencia. Fundamentalmente, se parte del principio de que el sistema de informaciones es incoherente, lo cual es muy distinto de la aproximación anterior de coherencia sistemática *a priori*.
- Su arquitectura es distribuida. Esto entraña una gestión de problemas como la duplicación de referenciales, la sincronización de estos referenciales, la búsqueda dinámica de las informaciones. Esta arquitectura es sin duda algo más sofisticada.

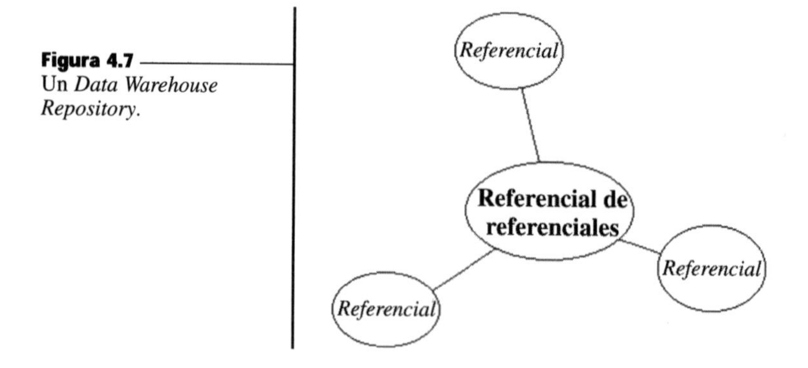

Figura 4.7
Un *Data Warehouse Repository*.

A la vista de las diferentes restricciones enunciadas anteriormente, un RAD puede no ser suficiente para oficiar de referencial de Data Warehouse. La segunda conclusión afecta al formalismo.

Detallemos esto en el ejemplo siguiente, que representa fragmentos de modelos de datos.

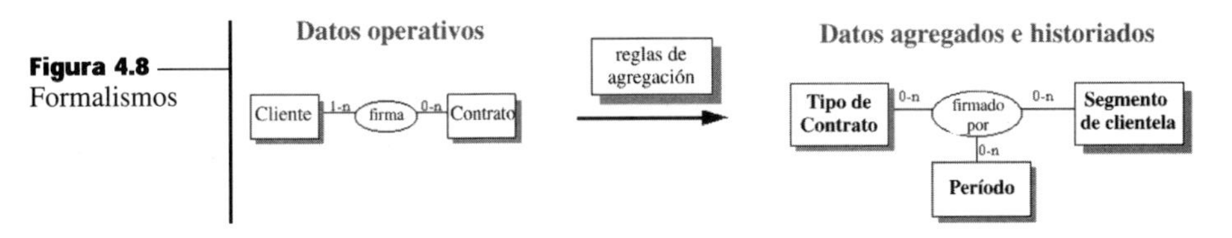

Figura 4.8 Formalismos

El modelo conceptual de datos (MCD), a la izquierda del esquema anterior, significa «un cliente firma un contrato». Se representa aquí en la forma clásica entidad/relación. Para representar los datos del Data Warehouse agregados e historiados, no se podrá utilizar este modelo, que es demasiado pobre. Las reglas de agregación no aparecen, por lo que es necesario gestionar otro modelo de datos. Ya no se trata de «un cliente firma un contrato» de manera unitaria (tal cliente para tal contrato). La relación interesante para el Data Warehouse puede expresarse así: «Para un tipo de contrato, para un segmento de clientela, para un cierto período, he firmado *n* dólares» (*cf.* esquema anterior, MCD de la derecha).

Por consiguiente, el análisis de decisión induce así nuevos conceptos funcionales. En nuestro ejemplo, los contratos deben poder agruparse por tipos: se crea una segmentación de contratos. Lo mismo para los clientes: esto equivale a poder describir una segmentación de los clientes.

Finalmente, el simbolismo utilizado habitualmente no está lo bastante extendido para poder representar esta riqueza informativa. La naturaleza de las informaciones a gestionar necesita una extension del formalismo clásico de representación de los datos (de tipo entidad/relación) para ser capaz de describir las especificidades siguientes:

- modelado de datos agregados;
- almacenamiento de las reglas de gestión, las reglas de cálculo, las reglas de agregación;
- gestión de los datos historiados (período);
- gestión de la localización de los datos: almacenamiento, actualización, duplicación, replicación, etc.

Es necesario, pues, poder hacer evolucionar las herramientas a fin de adaptarse a estas nuevas necesidades. Sin embargo, hoy, todas las herramientas no siempre son capaces de integrar una evolución así. Por estas razones, se comprende fácilmente que utilizar una herramienta tradicional de tipo RAD es posible en un primer momento, pero queda limitado muy pronto.

El mercado ofrece, sin embargo, algunos inicios de respuestas y ciertas herramientas se posicionan como referenciales potenciales para el Data Warehouse. Entre éstas figuran a menudo herramientas integradas a una solución global de implementación de Data Warehouse. Para ilustrarlo, se pueden citar las herramientas siguientes: *SAS Metadata Repository* de SAS, *Prism Directory Manager* de Prism Solutions Inc., *Platinum Repository* y *Platinum Data Shopper* (extracto de las vistas para los usuarios) de Platinum.

Estas soluciones están bien adaptadas mientras se mantengan en los límites del Data Warehouse. Una solución posible es elegir la oferta Data Warehouse de un editor: en este caso, la herramienta de gestión del referencial es una buena solución integrada de manera homogénea en la oferta global, pero limitada únicamente a este tipo de utilización.

Existen otras alternativas y se pueden identificar productos independientes de una oferta Data Warehouse específica. Existen tres grandes grupos de ofertas:

◆ Las herramientas de referencial independientes. No sólo gestionan forzosamente modelos de datos, sino también aplicaciones, modelos de tratamientos, etc. Este tipo de herramienta puede ser visto como una biblioteca que referencia los componentes del sistema de informaciones y está dotada de mecanismos de entrada/salida, de difusión, de actualización, de consolidación, etc. Es lo que se podría llamar un referencial generalista. Por ejemplo: *Rochade* de R & O, *Maestro II* de Softlab, *ISD* de Transtar.

◆ Las herramientas *CASE* globales de empresa. Se centran alrededor de un referencial que sirve para almacenar su propio modelo. Se pueden utilizar, pues, eventualmente en el marco de un Data Warehouse. En esta categoría, se encuentran los entornos de desarrollo de programas tradicionales: *PacBase, Paclan/X* de CGI, *Mega* de Mega International, *IEF* de Texas Instruments, *Designer/2000* de Oracle.

◆ La última categoría engloba el resto del mercado. Se trata de las herramientas *CASE* más ligeras empleadas localmente en un proyecto (denominadas a menudo como *Upper CASE*) y permiten modelar datos rápidamente. Generalmente, estas herramientas son limitadas y no tienen intención de consolidar varios modelos. Por ejemplo: *AMC*Designor* de Sybase/Powersoft cuenta con un mecanismo de consolidación a través de una base central, pero no es inmediato. En este caso, un MCD es un archivo. Si se define *Cliente* en un MCD y *Cliente* en otro MCD, son físicamente dos ocurrencias de *Cliente*.

ESPECIFICACIONES DE UNA HERRAMIENTA IDEAL

Hemos visto que cada tipo de herramienta se adapta más o menos bien al Data Warehouse y no satisface todas las expectativas. Esto se explica fácilmente por el hecho que no han sido pensadas para ello. Sin embargo, es posible imaginar las evoluciones que serían bienvenidas para estos productos.

La especificación de un referencial no se limita a la elección de una herramienta de apoyo, sino que también incluye la definición de una infraestructura técnica, que lista las herramientas con las que habrá que dialogar, de un «metamodelo» global a fin de homogeneizar los métodos de acceso a los referenciales. También hay que especificar normas de codificación, pues cada herramienta impone sus propias restricciones. Por consiguiente, la codificación de la herramienta más restrictiva prima sobre la de las otras. Es necesario crear una $n+1^{\text{ésima}}$ codificación y luego declinar respecto a las n herramientas subyacentes, o bien tomar una como referencia respecto a las otras. Este problema no es en absoluto trivial.

Para terminar, es necesario definir procedimientos de administración de referenciales. ¿Dónde se actualiza el modelo: en la sede central antes de su difusión a cada uno de los entornos relacionados con la aplicación, o bien en un nuevo espacio? Para ello, es necesario prever el procedimiento de gestión de flujos de modelos en el interior de la arquitectura.

Una vez hecho esto, podemos centrarnos en las herramientas de ayuda a la implementación de estos prerrequisitos comparando sus funcionalidades con las necesidades de la empresa.

Un referencial sirve ante todo para almacenar modelos, por lo que es importante poder acceder a él simplemente y navegar fácilmente.

Implementar un *Data Warehouse Repository* requiere tener en alguna parte una imagen de la complejidad del sistema de informaciones. Lo ideal es poder disponer de múltiples puntos de entrada al referencial: por ejemplo, por tema, por organización, por país. A menudo se habla de «cartografía del sistema de informaciones» para designar una representación visual de ayuda a la navegación en el referencial que permite acceder al dato y a su definición (por efecto de *zoom*). Otra función primordial es la capacidad de hacer consultas complejas sobre el conjunto del referencial: por ejemplo, ¿cuáles son todos los objetos, todos los modelos, todas las aplicaciones que hablan de tal o cual tema?

En definitiva, la arquitectura del referencial debe ser abierta y tener en cuenta las herramientas externas que entran en juego en el proceso del Data Warehouse: las herramientas servidoras (*CASE*, las bases relacionales o multidimensionales), las herramientas clientes (análisis de datos), las interfaces de intercambio de datos (herramientas de migración de datos), etc. Como muestra el esquema siguiente, la arquitectura de conjunto puede ser relativamente compleja.

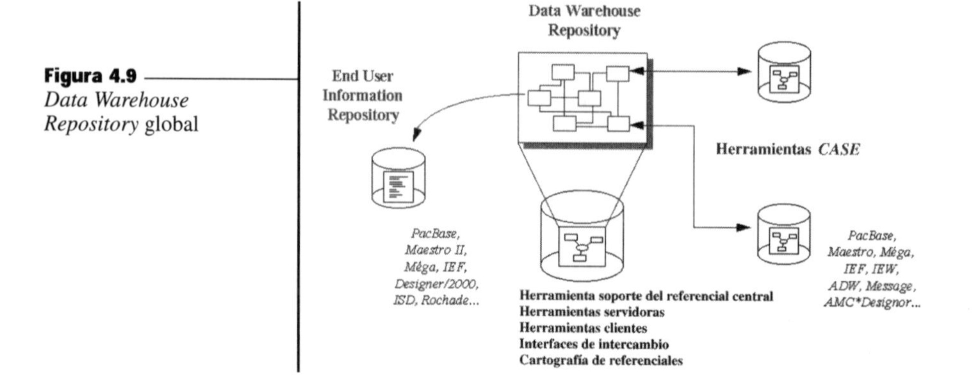

Figura 4.9 *Data Warehouse Repository* global

Metadata Coalition: grupo de trabajo formado en octubre de 1995 cuyo objetivo es crear estándares a fin de permitir compartir e intercambiar metadatos entre las herramientas del Data Warehouse.

El *Data Warehouse Repository* global debe cumplir la función de metarreferencial y debe saber comunicar con todos los diccionarios de estas herramientas. El problema es entonces gestionar la diversidad de los formatos encontrados y la combinatoria posible. Para responder a esto, una iniciativa coordenada por el Meta Group ha llevado a la creación de la **Metadata Coalition** en verano de 1995. Sus miembros fundadores son Arbor Software, Business Objects, Cognos, ETI y Texas Instruments. Se enriquece regularmente con nuevos miembros y cuenta, transcurrido más de un año tras su creación, con unos treinta actores a menudo fuertemente implicados en el mercado de la ayuda a la decisión, aunque esta problemática interesa a la comunidad informática en su conjunto. Este grupo de trabajo pretende estandarizar los intercambios de metadatos entre herramientas diferentes. Los primeros trabajos han conducido a la especificación de una norma que describe un protocolo de intercambio de metadatos: *Meta Data Interchange Specification* (o MDIS). Éste propone un medio estándar de describir los metadatos usuales (esquema, registro, campos, dimensión, etc.) con convenciones de nombres y también un mecanismo de base de importación/exportación. Estas especificaciones son relativamente simples, ante todo pragmáticas, a fin de minimizar las restricciones de implantación para los editores. Así, tienen muchas probabilidades de integrarse en sus productos y conservan un generoso margen de evolución. Los editores de herramientas (como los que proporcionan referenciales) deben pasar a la etapa siguiente implantando estas especificaciones. Hay que seguir las evoluciones en este sentido: los referenciales deben beneficiarse de estos trabajos.

El esquema siguiente permite situar las herramientas existentes en el mercado según dos ejes: la cobertura funcional y la capacidad de administración.

La cobertura funcional se declina en cuatro niveles diferentes:

◆ **Baja.** Es un diccionario de datos. Gestiona la lista de datos, los modelos gráficos, las consultas, las ediciones, los usuarios y sus derechos de acceso.

◆ **Estándar.** Se añaden a la herramienta funciones de transformaciones verticales de los modelos, de consolidación simple (gestionar varios espacios y luego gestionar múltiples proyectos), procedimientos simples de control (verificar la codificación, la integridad).

◆ **Evolucionada.** La herramienta debe poseer servicios de importación/exportación hacia las herramientas externas (*CASE* y otras), de cartografía de referenciales (representación visual que permite situarse en un referencial), de estadísticas, de medición evolucionada.

◆ **Fuerte.** Ofrece suplementariamente funcionalidades de transformación de modelos, de importación/exportación entre referenciales, de ingeniería concurrente, de gestión de la incoherencia, de integración fuerte con las herramientas externas (noción de referencial virtual, lo que evita duplicar las informaciones: el verdadero modelo se almacena en el RAD, la coherencia se ve reforzada).

De la misma forma, la capacidad de administración de un referencial puede describirse según cuatro niveles:

◆ **Proyecto.** En este caso, es mono o multiusuario, ofrece la posibilidad de trabajar en subproyectos, pero con capacidades de integración limitadas.

◆ **Ámbito.** La herramienta permite una vista multiproyecto en un solo referencial, una integración de modelos y una cartografía simple.

◆ **Empresa.** La administración es multiplataforma y puede gestionar varios referenciales horizontales con funciones de cartografía compleja de referenciales.

◆ **Interempresas.** Es el nivel más sofisticado, en el que cuenta con una compatibilidad total multiplataforma, la gestión de enlaces multirreferencia y una cartografía abierta de referenciales.

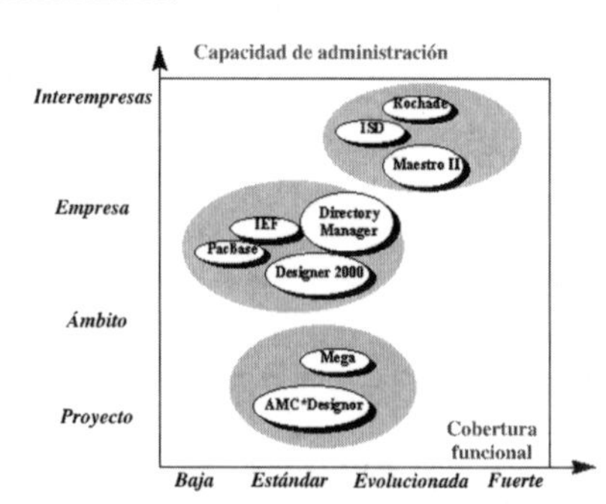

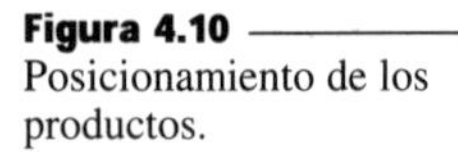
Figura 4.10 Posicionamiento de los productos.

Las herramientas actuales no alcanzan todavía la cobertura funcional de administración de datos deseable. El esquema muestra tres grandes grupos:

◆ Las herramientas dotadas de funciones estándar limitadas a un ámbito, o multiámbito, desde la más ligera *AMC*Designor* a la más potente *Mega.* Surgidas de un contexto local, se posicionan sobre un nicho mayor a medida que evolucionan.

◆ Herramientas siempre a un nivel estándar con rendimiento en función de su edad. *PacBase,* que es la más antigua, tiene mejor rendimiento que *IEF, Designer* o *Prism Directory Manager.* Estas últimas son capaces de gestionar muchos más modelos de nivel de empresa, pero se mantienen al mismo nivel de funcionalidades respecto al estándar. En todos los casos, estas herramientas no son capaces de gestionar la cartografía.

◆ Herramientas más evolucionadas, por ser más recientes, y pensadas para gestionar el nivel interempresas. *Maestro* como un RAD abierto, *ISD* o *Rochade* como herramientas de tipo referencial generalista. Estos productos ofrecen una potencia más importante, pero su cobertura funcional podría mejorar mucho.

CONCLUSIÓN

La implementación de un Data Warehouse debe ir acompañada de la de un *Data Warehouse Repository* que permita describir, almacenar y difundir los metadatos asociados.

Esta implementación pasa imperativamente por la organización de una función de administración de los datos a varios niveles, así como por la definición de normas y procedimientos de administración de los referenciales.

Las ofertas actuales de herramientas de apoyo de *Data Warehouse Repository* apenas empiezan a alcanzar el nivel de madurez suficiente.

Debido, por una parte, a la masa de informaciones a gestionar y especialmente, por otra, al número y diversidad de las personas que deben tener acceso a esta información, las herramientas actuales deberán enriquecerse con funcionalidades de tipo:

◆ Capacidad de integración de informaciones provenientes de fuentes *a priori* heterogéneas, o incluso incoherentes o redundantes.

◆ Posibilidad de organización, de clasificación y de presentación de estas informaciones de manera homogénea.

◆ Facilidad de navegación, de acceso y de restitución de las informaciones contenidas en los referenciales. Desafortunadamente, hoy la tendencia es la utilización del orden alfabético. ¡Imagínese si la misma técnica se utilizara en Internet! Afortunadamente, la realidad es muy distinta: existen motores de búsqueda, posibilidades de almacenar caminos de acceso... Cada sede da acceso a una lista de sedes, lo que permite, por asociación de ideas, ir hacia informaciones interesantes. De la misma manera, se podría navegar de manera inteligente y personalizada en un referencial.

◆ Interrogación gráfica utilizando el mouse, con una visión dinámica del referencial: una visión por ámbito, por tema, por organización, por países, etc.

Sin embargo, la búsqueda de una herramienta de referencial no debe ocultar los verdaderos problemas.

Un diccionario vacío es inútil.

Su contenido a menudo es un pretexto para una lucha de poder. Quienes intervienen se enfrentarán para tener sus propias definiciones en el referencial. La lucha se sitúa a menudo a diferentes niveles:

◆ entre las direcciones funcionales;
◆ entre la informática y la organización;
◆ entre los informáticos y los usuarios.

El fantasma del poder de la información se dibujará rápidamente entre quien detente la información, quien la actualizará, etc. Pero no porque exista el referencial los usuarios necesitarán consultarlo. Debe emprenderse un gran esfuerzo de comunicación para que los usuarios aprehendan su contenido, necesiten ir a consultarlo y, una vez conectados, lo comprendan.

Esta delicada operación precisa dos cualidades esenciales, pragmatismo y realismo; esto se puede traducir más concretamente en:

◆ una fase de sensibilización;
◆ sponsors, es decir, actores de la empresa motores del proyecto;
◆ proyectos piloto.

Dejemos que el tiempo haga su trabajo y confiemos que se opere un cambio de mentalidad y que la administración de datos entrará en los hábitos...

Hemos mostrado la importancia del referencial de Data Warehouse para definir y describir la información para todos los actores. Vamos ahora a dedicarnos a estructurar esta información para ponerla a disposición de los usuarios.

5 Modelado de los datos

Una gran firma francesa, que dispone de una buena experiencia en el ámbito de la implementación de sistemas de decisión, vivió la experiencia siguiente. Su primera gran aplicación de decisión afectaba al ámbito de la gestión de recursos humanos. La construcción de este sistema no presentó problemas particulares, ni entrañó cuestiones significativas sobre los métodos de implementación y las técnicas de modelado de bases de datos. La satisfacción de los usuarios fue tal, que este proyecto se convirtió en una *success story*, punto de partida para la generalización del concepto de Data Warehouse en la empresa.

El segundo ámbito contemplado era las finanzas. Para este proyecto aparecieron grandes dificultades. El tema era de tratamiento más complejo, tanto técnicamente, debido a los volúmenes de informaciones a considerar, como funcionalmente, debido a la complejidad de los análisis solicitados y las necesidades importantes en términos de consolidación y distribución. Anticipando el fracaso previsible del proyecto, sus responsables se dieron cuenta que la aproximación utilizada sobre el primer proyecto no podía ser la correcta: los datos puestos a disposición de los usuarios no estaban lo bastante estructurados como para responder a sus necesidades. Cada consulta formulada desembocaba en un código SQL complejo, imposible de ser tratado en buenas condiciones por el motor de bases de datos. Los tiempos de respuesta eran de media superiores a los diez minutos, lo que no era tolerable en este contexto. Ante esta constatación, era necesaria una rápida revisión: era mejor adaptar al contexto los métodos, las técnicas de modelado, incluso las tecnologías utilizadas.

Este ejemplo evidencia que la ausencia de reflexión para la implementación de sistemas de decisión, especialmente para su modelado, puede entrañar fracasos. El objetivo de este capítulo es mostrar la necesidad de cuestionar algunas de nuestras adquisiciones en el ámbito del modelado de datos, por cuanto quedan desfasadas en un contexto de decisión.

Una vez efectuada esta revisión, el capítulo presenta un cierto número de técnicas probadas y formalizadas que apuntan exclusivamente a la construcción del modelo de datos de un Data Warehouse o de un Data Mart.

CARACTERÍSTICAS DE USO: OLTP *VS* OLAP

La mayor parte de los informáticos dominan aproximaciones para la implementación de sistemas de informaciones, normalmente centrados en metodologías como Merise o Information Engineering. En sus componentes relacionados con el modelado de datos, estas metodologías son a la vez precisas, potentes y bastante poco cuestionadas. A nivel de los modelos de datos, el modelo entidad-relación es el más utilizado, llevando normalmente a la creación de un modelo lógico de tipo relacional. Tanto si se conocen de manera formal los conceptos como si no, todas las teorías asociadas a estos modelos son utilizadas ampliamente en las empresas.

OLTP *On Line Transactionnel Processing:* tipo de entorno de tratamiento de la información en el que debe darse una respuesta en un tiempo aceptable y consistente.

OLAP *On Line Analytical Processing :* caracteriza la arquitectura necesaria para la implementación de un sistema de ayuda a la decisión. Se opone a OLTP. El término OLAP designa a menudo las herramientas de análisis basadas en bases de datos multidimensionales. Se habla también de herramientas MOLAP, por oposición a las herramientas ROLAP.

Estas técnicas están actualmente tan ancladas en nuestras mentes que a menudo olvidamos su origen. Aparecieron cuando la informática estaba destinada a la automatización de la producción y se utilizan aún con éxito en contextos de este tipo, por ejemplo para las aplicaciones de carácter transaccional, comúnmente llamadas **OLTP.** Sin embargo, la informática de decisión, que algunos denominan también **OLAP,** justifica una revisión de los métodos de diseño de un modelo de datos.

Características de un contexto OLTP

En este marco, el modelo de datos se destina a minimizar las redundancias, para preservar la fiabilidad y la coherencia del sistema.

En la mayor parte de los sistemas transaccionales, el papel de un modelo es garantizar la persistencia de los datos. De hecho, la base de datos se diseña para conservar el rastro de eventos surgidos en la empresa.

Integridad: conjunto de restricciones aplicadas a las actualizaciones de una base de datos que permite garantizar su coherencia.

Tomemos el ejemplo de una aplicación de gestión de pedidos. En su interior, para evitar la redundancia de informaciones, será necesario mantener informaciones sobre los pedidos, los clientes y los productos en entidades distintas, relacionadas entre sí por asociaciones. Conceptos más sofisticados, como las nociones de forma normal, de clave única, de clave estranjera o de restricción de **integridad** referencial, permiten garantizar constantemente la integridad de la base de datos. El origen de este esfuerzo de minimización de redundancias deriva principalmente del hecho que los sistemas transaccionales efectúan sus actualizaciones en tiempo real, eventualmente a través de un conjunto de aplicaciones que comparten el mismo modelo de datos.

En un sistema transaccional, el diseño se orienta a procesos y el modelo de datos interviene como apoyo de éste. Desde el punto de vista del usuario, el modelo de datos es totalmente transparente; sólo accede a él indirectamente a través de aplicaciones «empaquetadas» puestas a su disposición. Por ello, la legibilidad del modelo desde punto de vista del usuario no tiene gran importancia, excepto en ocasiones durante la fase de validación del modelo con el usuario.

Las consultas son siempre previsibles, porque se efectúan a través de una aplicación desarrollada normalmente por el mismo equipo encargado del modelo de datos. Por ello, es posible definir un modelo de datos adaptado a las consultas que el sistema será susceptible de lanzar por anticipación. Así, la mayoría de *benchmarks* (conjuntos de pruebas) que permiten cualificar el rendimiento de una plataforma transaccional se definen a través de un conjunto de transacciones, en general poco numerosas, que serán los únicos puntos de entrada al sistema.

En este contexto, se accede a los datos generalmente por claves, especialmente claves únicas (acceso de un cliente por su número de cuenta). Una buena indexación permite garantizar tiempos de respuesta dependiendo más del volumen de datos a tratar para realizar la transacción que del volumen global de la base de datos.

Los volúmenes de datos como resultado de las transacciones son limitados. Normalmente, el número de entradas/salidas asociadas a cada transacción es un número finito previsible. En ciertos casos, como para las consultas guiadas, este número es más difícilmente previsible; así, la búsqueda de un cliente por su nombre puede llevar a un volumen más o menos importante de resultados. En todo momento, una aplicación transaccional tiende a la productividad, y presentar a un usuario varios miles de registros en este contexto no tiene ningún sentido.

Para efectuar los tratamientos necesarios para su correcta ejecución, una transacción accederá a un número de estructuras limitado y finito. Es muy raro que una consulta transaccional necesite reunir o agregar informaciones surgidas de un gran número de tablas.

En un mundo de decisión (OLAP)

Un Data Warehouse es una base dedicada a la decisión. La información se pone a disposición de los usuarios, pero las actualizaciones no se hacen nunca en tiempo real. Por ello, las únicas actualizaciones efectuadas sobre el Data Warehouse provendrán de los sistemas de producción, en las fases de carga. Una vez efectuado este proceso de adquisición de datos, la integridad del dato del Data Warehouse no podrá volver a cuestionarse. Es posible, pues, introducir redundancias, siempre que se controlen en el proceso de alimentación.

Es posible introducir redundancias. Muchos conceptos vinculados al modelado de datos son entonces menos cruciales y es posible rodear estas reglas de oro.

En un contexto de decisión, las consultas manipulan regularmente conjuntos. Por ejemplo, el usuario se interesará por las ventas realizadas en la región Norte. Las consultas efectúan frecuentemente selecciones o restricciones de población, agrupaciones, cálculos, agregados, etc. Para responder a las necesidades de los usuarios, aunque el resultado de las consultas puede estar constituido únicamente por algunas líneas, a menudo será necesario manipular volúmenes importantes.

En este caso, obtener tiempos de respuesta proporcionales al volumen de datos resultado de una consulta es mucho más difícil que en transaccional. Los optimistas relativizan esta constatación, partiendo del principio que la decisión da autonomía al usuario y ello le incita a una mayor indulgencia ante los tiempos de respuesta: el Data Warehouse le permite hacer en unos minutos lo que antes hacía en varios días.

La realidad es más compleja: un usuario difícilmente comprenderá una espera de varias decenas de minutos para obtener las ventas del año pasado por regiones, porque se trata de una consulta básica que se ejecutará frecuentemente. Por el contrario, esperar cierto tiempo para obtener información sobre las «ventas de tal producto en tal almacén el último viernes antes de las vacaciones de agosto» se tolerará mejor.

En este contexto, es necesario intentar optimizar las consultas efectuadas frecuentemente. Ello es posible siempre que se predefinan físicamente los subconjuntos de datos, menos importantes en tamaño que los datos más detallados, pero suficientes para resolver las consultas más habituales. Se piensa inmediatamente en las técnicas de agregaciones físicas, pero hay otras técnicas, en realidad casi todas las destinadas a optimizar la decisión, abordadas en su mayor parte en este libro, que están diseñadas sobre este principio (**índices binarios,** técnicas de compartimentación...).

Índice binario: tabla de bits que hace corresponder los índices de valor 1 a las líneas de la tabla que contienen un valor dado para la columna indexada.

Otra característica de la decisión es que los usuarios intentan relacionar con frecuencia elementos que *a priori* no se correlacionan al principio. Desearán por ejemplo relacionar las ventas con los gastos, comparar las ventas de un período respecto a otro... Para conseguirlo, son necesarias consultas complejas, que interrogan un número importante de tablas. Esta característica es tanto más actual cuanto que existen herramientas de ayuda a la decisión cada vez más sofisticadas, permitiendo al usuario formular simplemente lo que habría sido incapaz de formalizar con las herramientas de ayer. Ante esta complejidad, el Data Warehouse debe poder reaccionar en plazos razonables.

Cada vez son más raros los sistemas de decisión empaquetados, es decir, encapsulados en aplicaciones fijas y predefinidas por la informática. Cada vez más, el usuario desea obtener los medios para su autonomía. A fin de evitar la clásica espera de reactividad relacionada con la puesta en producción, no debe depender de un informático que desarrolle la aplicación adaptada a sus necesidades. Un Data Warehouse intenta responder a las necesidades de los usuarios en términos de informaciones y no en términos de aplicaciones.

La consecuencia de esta constatación es que cuanto más legible sea el modelo, es decir, intuitivo para los usuarios, menos largo y costoso será definir una capa por encima de este sistema destinada a hacerlo comprensible y adaptado a las necesidades de los usuarios. Esta capa parece de todos modos necesaria para dar al usuario una visión de negocio del modelo de datos y hay numerosas herramientas de ayuda a la decisión en el mercado que proponen su implementación. Pero debe ser ligera, «estival», porque cuanto más gruesa sea esta capa complementaria, más larga de definir resultará a los informáticos. Definir un modelo legible se convierte, pues, en una preocupación fundamental.

Administrador de base de datos *Database Administrator* o DBA: experto técnico competente para uno (o más) gestores de datos, capaz de escribir u optimizar programas de extracción, de carga o de acceso en el lenguaje del motor de datos.

En un contexto de decisión, desde el punto de vista del administrador **de base de datos,** una de las mayores dificultades es gestionar lo imprevisible. En efecto, las consultas son normalmente *ad hoc*, generadas por el usuario a través de una herramienta, y es pues imposible optimizar cada una de ellas caso por caso. Veremos más adelante que existen, sin embargo, técnicas de optimización basadas no ya en las consultas, sino más bien en los caminos de acceso para garantizar tiempos de respuesta convenientes y previsibles en la decisión.

La última característica del mundo Data Warehouse es que permite implementar normalmente un modelo de datos integrado, cuyo objetivo es ser transversal a la empresa. Este modelo se constituye habitualmente de manera incremental, a medida de las realizaciones sucesivas de los proyectos de decisión de la empresa. Por ejemplo, el primer proyecto permitirá construir el modelo que integra las ventas para tal tipo de producto. Este modelo se enriquece poco a poco ampliando la gama de productos incluidos, integrando las informaciones relativas a la logística, etc. En este marco, el modelo de datos evolucionará de manera constante y regular.

TÉCNICAS DE MODELADO

Como hemos visto, las oposiciones entre transaccional y decisión son numerosas, por lo que se suscita una cuestión: las técnicas clásicas, ¿deben conservarse tal cual, adaptarse al contexto de decisión o rediseñarse totalmente?

El resto del capítulo confrontará estas aproximaciones ilustrándolas con un ejemplo y mencionando sus puntos fuertes y débiles.

Consideramos que los cinco ejes que permiten cualificar un modelo de datos de decisión son los siguientes:

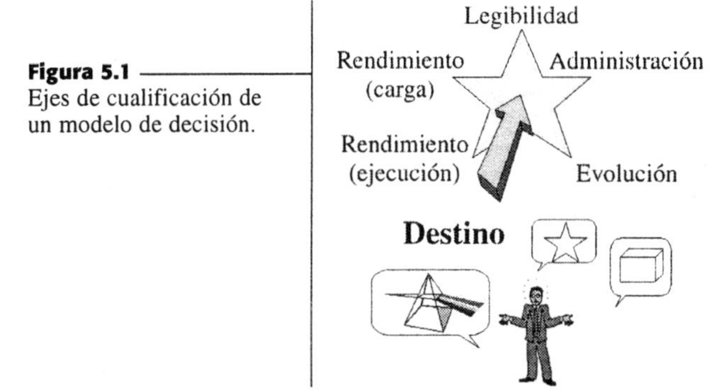

Figura 5.1
Ejes de cualificación de un modelo de decisión.

El primer objetivo es la legibilidad desde el punto de vista del usuario final. El segundo afecta al rendimiento, que se puede divdir en dos partes, el rendimiento en la carga y el rendimiento relacionado con la ejecución de las consultas. La administración, aún no citada en este estadio, es también fundamental: una de las dificultades que muchas empresas se encuentran es no tanto construir el Data Warehouse como darle vida. Habrá que rastrear las consultas e identificar las lanzadas frecuentemente, controlar y automatizar todos los procesos de extracción. Finalmente, la capacidad evolutiva permite hacer que el desarrollo de un Data Warehouse sea incremental en lugar de iterativo, es decir, que cada proyecto de decisión no desemboque en un modelo de información aislado de los otros.

Entre estos objetivos, muchos son opuestos. Así, optimizar el rendimiento en la ejecución implica normalmente añadir redundancias, agregaciones físicas por ejemplo, cuyo cálculo se efectuará en las fases de carga, con un coste en términos de rendimiento. Asimismo, cuantas más redundancias, más riesgo tiene el modelo de ser de administración compleja. Según el contexto del proyecto, se tratará de asociar un peso a cada uno de estos objetivos y definir su arquitectura de manera que se dé el mejor equilibrio posible.

Modelo de datos normalizado

El modelo presentado aquí es relativamente simple y muy clásico: nos encontramos en el contexto de una empresa que distribuye productos a un cierto número de clientes que identifica. También asegura la entrega de pedidos, pasando por subcontrataciones. En la decisión, esto permite por ejemplo separar las cifras de negocio por producto, por cliente, etc.

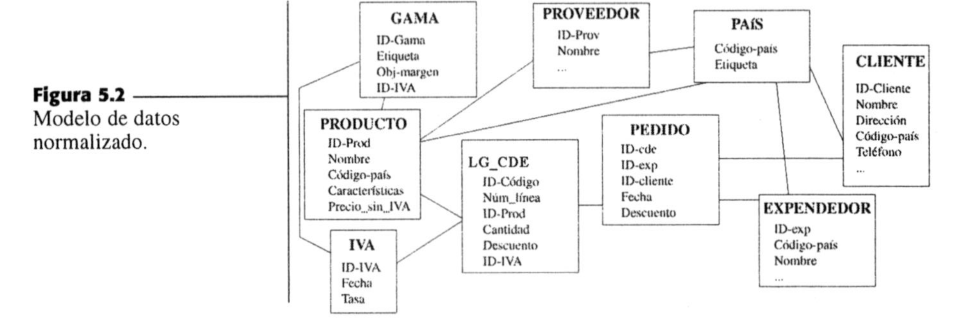

Figura 5.2 Modelo de datos normalizado.

La primera observación que hay que hacer sobre este modelo es que, desde un punto de vista de decisión, la semántica es débil. Las informaciones interesantes para el usuario no existen directamente, sino que deben extrapolarse. Así, el precio unitario no tiene mucho interés, pero permitirá calcular la cifra de negocio, el margen, etc. Estos indicadores deberán recalcularse dinámicamente en cada consulta. Esta debilidad puede hacerse sin embargo transparente al usuario por capas superpuestas propuestas por las herramientas de ayuda a la decisión más sofisticadas del mercado, pero ello supone disponer de varios modelos definidos a través de herramientas diferentes.

El modelo es por el contrario muy completo. Deja un margen de autonomía muy alto al usuario. Pero existe el riesgo de que la autonomía lleve a la pérdida de control, es decir, por ejemplo, que cada usuario desarrolle su propia visión de lo que es una cifra de negocio.

El caso presentado aquí es simple. Sin embargo, está constituido por nueve tablas. Un modelo de empresa podrá contener cientos o miles de tablas. Una consulta que pretenda correlacionar informaciones, como los gastos y las ventas o los stocks y las unidades vendidas, podrá precisar la utilización de decenas de tablas. Este tipo de consultas será complejo de formular para el usuario y de tratar para el optimizador de la base de datos. Una buena herramienta de ayuda a la decisión puede ocultar esta complejidad al usuario, pero no hay solución para el optimizador. El rendimiento será como mínimo mediocre y, en el peor de los casos, inaceptable.

En sistemas de decisión simples, donde pocos usuarios lanzan pocas consultas a un modelo de datos de pequeño tamaño, una aproximación así puede funcionar. En los demás casos, es absolutamente necesario utilizar otras técnicas.

Desnormalización para la decisión

Esta aproximación se basa en adaptar el modelo anterior a las necesidades relacionadas con la decisión. La transformación consiste en este caso en desnormalizar y precalcular ciertos agregados y luego introducir globalmente redundancias.

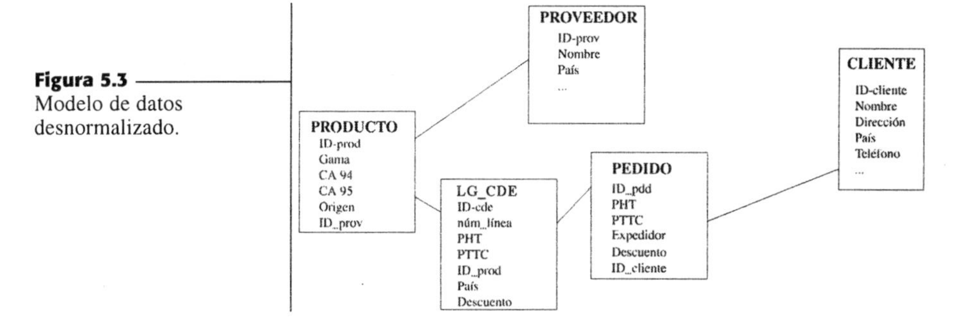

Figura 5.3 Modelo de datos desnormalizado.

No existe ninguna técnica formal de desnormalización en el ámbito público.

No existe ninguna técnica formal de desnormalización que conozcamos en el ámbito público. La aproximación debe ser, pues, antes todo pragmática. En nuestro ejemplo, llegar a este modelo ha derivado de un análisis preciso de las necesidades de los usuarios. Este análisis ha mostrado que el expedidor no era un tema de interés principal para los usuarios. Por el contrario, ha resultado interesante asociar el atributo «nombre del expedidor» al tema pedido. En este caso se dan redundancias, pero son bastante simples de controlar en la fase de carga. Globalmente, este modelo contiene un número de tablas más restringido, asociando cada tabla a un tema de interés. Por otra parte, el modelo presenta un cierto número de informaciones agregadas, como la cifra de negocio aquí asociada al tema producto. Estas informaciones están disponibles porque el análisis ha permitido determinar que la cifra de negocio por producto sería una información muy frecuentemente solicitada.

En este modelo, la semántica es más fuerte porque aparecen informaciones derivadas de los datos surgidos de los sistemas de producción, como la cifra de negocio. La mejor «orientación al tema» acerca el modelo a las necesidades del usuario, con lo que resulta más legible. La exhaustividad es menor porque, para simplificar, se ha hecho la opción de suprimir ciertas informaciones en el análisis. Se trata de opciones *a priori* y cuestionarlas más adelante implicará hacer evolucionar el modelo de datos.

Este modelo es netamente menos complejo que el modelo normalizado. Ello no quiere decir, sin embargo, que el modelo resultante sea simple: en el ejemplo, el número de tablas ha disminuido en un factor 2 aproximadamente respecto al primer modelo. Aplicando el mismo factor para un modelo normalizado de 200 tablas, se llega a un centenar de tablas, lo que sigue siendo complejo y poco legible.

Unión: acercamiento entre dos tablas por comparación de valores sobre la base de un atributo común.

La ganancia en rendimiento respecto al modelo normalizado es también muy relativa. El número de tablas ha disminuido y, por tanto, también el número de **uniones** necesarias para las consultas de decisión. En contrapartida, las tablas son mayores. Por ejemplo, la tabla pedidos contiene ahora el nombre del expedidor, probablemente almacenado en unos cuarenta caracteres. Ha crecido, pues, de manera muy significativa respecto a como era en un modelo normalizado. Así, las consultas serán más simples, pero trabajarán sobre tablas más voluminosas.

El modelado dimensional

Este tipo de modelado es independiente de las tecnologías.

El modelado dimensional deriva de los conceptos que han llevado a la emergencia de las bases de datos multidimensionales, llamadas bases OLAP, hace más de diez años. En este sentido, esta técnica está lejos de ser revolucionaria. Sin embargo, como veremos más adelante, este tipo de modelado es independiente de las tecnologías y puede permitir la utilización de toda base de datos, ya sea relacional, multidimensional, de objetos...

El modelado dimensional parte del principio de que el objetivo principal de un sistema de decisión es el análisis del rendimiento. Este rendimiento puede materializarse a

Dimensión: eje de análisis asociado a los indicadores; corresponde normalmente a los temas de interés del Data Warehouse; ejemplo: dimensión temporal, dimensión cliente...

través de un conjunto de indicadores. Así, para un comercial, este rendimiento podrá expresarse en términos de cifra de negocio o de margen. La tasa de ocupación de camas será un indicador importante en un hospital, mientras que el número de artículos en stock interesará a la logística. Estos indicadores se analizarán a través de **dimensiones**. El tiempo, dimensión que se encuentra casi sistemáticamente en toda aplicación de decisión, permitirá seguir la evolución de una cifra de negocio, por trimestre, por año, por períodos fiscales... Asimismo, será interesante obtener esta cifra de negocio por producto, por región, por cliente, que son otras tantas dimensiones de análisis pertinentes para este indicador.

Las bases de datos OLAP del mercado son soluciones llaves en mano para crear rápidamente y utilizar los modelos de tipo multidimensional. Ofrecen al usuario herramientas sofisticadas que permiten navegar de una dimensión a otra, hacer *zoom* sobre informaciones más detalladas, etc.

Pero estas bases de datos no sólo tienen ventajas: son mucho menos ampliamente utilizadas que las bases relacionales y tienen pocos medios para seguir las evoluciones constantes del mundo de la decisión, tanto en el plano técnico (evolución de hardware y software) como en el plano del mercado (inversiones masivas de los principales editores del mundo relacional sobre la decisión, compras, etc.). Debido a la capacidad de inversión relativamente reducida de sus editores, se adaptan mal a los grandes volúmenes de datos, lo que los destina a usos a escala departamental, como en el caso de los Data Marts, más que a nivel de empresa, como es el caso de un Data Warehouse. Utilizar herramientas de terceros suele ser más difícil que con una base de datos relacional, o incluso imposible. No se trata de recharzar las bases de datos OLAP, que han demostrado sus posibilidades, sino más bien de constatar que el hecho de ligar muy fuertemente un modelo, el modelo de decisión en este caso, con una tecnología es una restricción que puede ser inaceptable en ciertos entornos.

La aproximación presentada aquí no impone ninguna opción tecnológica, gracias a una etapa intermedia de modelado lógico entre la definición de los elementos de análisis y su implementación. En este modelo, los indicadores de base se agrupan en una tabla central, llamada tabla de hechos. Una tabla de hechos agrupa todos los indicadores que comparten el mismo conjunto de dimensiones y que no pueden ser deducidos de otros indicadores.

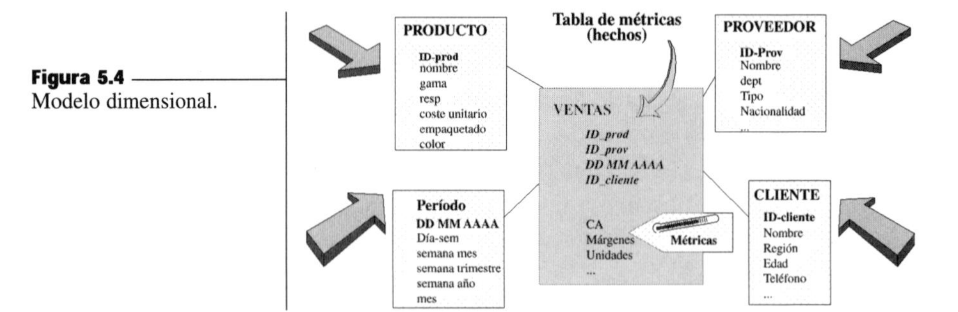

Figura 5.4
Modelo dimensional.

Este tipo de modelo se llama «modelo en estrella». En el centro de la estrella, se encuentra la tabla de hechos. El identificador de esta tabla de hechos es una clave múltiple compuesta de la concatenación de claves de cada una de las dimensiones de análisis. Así, un cifra de negocio, almacenada en una tabla de hechos, podrá ser identificada por la dimensión tiempo, producto, cliente, región, etc.

Alrededor de esta tabla figuran todos los elementos que caracterizan las dimensiones de análisis. Estas características se agrupan en tablas de dimensiones. Así, la tabla correspondiente a la dimensión «productos» incluirá todas las informaciones interesantes a analizar sobre el producto (color, gama, precio...). En este ejemplo hay cuatro tablas de dimensiones. Es simple, lo cual explica que sólo exista, en el centro de la estrella, una sola tabla de hechos. En la realidad, pueden existir varias tablas de hechos porque no todos los indicadores comparten forzosamente la misma dimensión. Por ejemplo, la dimensión cliente de nuestro modelo no tendrá influencia forzosamente sobre los indicadores logísticos.

Modelo en estrella: técnica de modelado dimensional, consistente en distinguir físicamente las tablas de hechos de las tablas de dimensiones. La tabla de hechos se coloca en el centro del modelo, y las tablas de dimensiones gravitan alrededor. Este modelo representa visualmente una estrella.

El **modelo en estrella**, y más generalmente todos los modelos multidimensionales que derivan de él, parten del principio de que son principalmente los análisis de los indicadores los que interesarán al usuario. Una consulta típica sobre este tipo de modelo empezará por la selección de los criterios de análisis sobre las dimensiones y se interesará por el valor de los indicadores para el panel así seleccionado: un usuario buscará por ejemplo la cifra de negocio realizada sobre los productos electrodomésticos para el año en curso y por región.

Éste es un punto fundamental porque caracteriza las dos mayores fuerzas de este tipo de modelo: la legibilidad y el rendimiento. La legibilidad ante todo: este modelo es muy elocuente para el usuario y presenta de manera clara su finalidad. Está naturalmente orientado al tema y define claramente los indicadores de análisis. Luego el rendimiento: los caminos de acceso a la base de datos son previsibles. En este modelo, la tabla de hechos puede comportar varios millones de filas pero las tablas de dimensiones serán mucho más reducidas. Ahora bien, es más fácil controlar y optimizar los accesos a las tablas de hechos porque se accede a ellas tras haber efectuado selecciones sobre las tablas de dimensiones. Estas selecciones darán como resultado identificadores, que son los únicos puntos de entrada para acceder a las tablas de hechos. Así, puede evitarse un recorrido total por estas tablas con una buena indexación. Será por tanto más fácil tener tiempos de respuesta proporcionales al resultado esperado. Además, las tablas de hechos sólo contienen informaciones numéricas e identificadores. Son importantes en número de filas pero el tamaño de cada fila es reducido.

Modelo en copo: técnica de modelado dimensional, derivada del modelado en estrella. En este modelo, las tablas de dimensiones son desnormalizadas, es decir, desprovistas de redundancias.

En el ejemplo anterior, hemos visto la técnica de modelado en estrella, la más conocida y la más simple de las técnicas de modelado multidimensional. Existen otras técnicas derivadas de ésta, como el **modelado en copo** o *snowflake*. El copo es simplemente una estrella cuyas puntas se descomponen a su vez en subjerarquías. Modelar en copo significa conservar lo esencial del modelo en estrella, es decir, la o las tablas de hechos y afinar el modelado de las tablas de dimensiones para dividirlas en subtablas. Para la dimensión tiempo, se podrá definir una subentidad año, mes, etc., o subentidades relacionadas con los períodos fiscales por ejemplo.

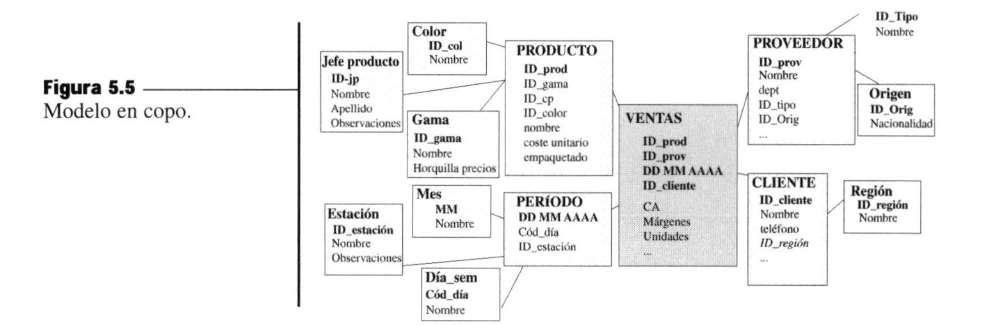

Figura 5.5
Modelo en copo.

Este tipo de modelado es interesante desde dos puntos de vista. Por una parte, normaliza las dimensiones, reduciendo el tamaño de cada una de las tablas. Por otra parte, este modelo permite formalizar la noción de jerarquía en el interior de una dimensión. Un producto, por ejemplo, se asocia normalmente a una nomenclatura. Encontrar esta jerarquía en el modelo de datos puede facilitar los análisis. Por el contrario, los modelos en copo son un poco más complejos de gestionar que los modelos en estrella, lo que explica que, entre los adeptos al modelado multidimensional, no haya consenso en el modelado de las tablas de dimensiones, cada una de las aproximaciones cuenta con ventajas e inconvenientes.

Además de la legibilidad y el rendimiento, una de las grandes cualidades del modelado multidimensional es que los conceptos se han formalizado y probado con casos reales. En este sentido, esta aproximación es la única técnica de modelado totalmente adaptada a la decisión ampliamente conocida hasta ahora. Se atribuye la paternidad de este tipo de modelado a Ralph Kimball [Kimball96].

Ralph Kimball fue investigador en el Xerox/PARC, coinventor de la famosa estación de trabajo gráfica. Posteriormente cofundó la empresa Metaphor, pionera de la ayuda a la decisión relacional, y Red Brick, editor de un SGBD relacional especializado en la decisión. Actualmente es consultor independiente.

Esta formalización hace posible la adquisición de la experiencia sobre este tipo de modelado a través de la prensa especializada o de publícaciones, de cursillos, de consultores, etc. Además, existen en el mercado herramientas particularmente bien adaptadas a estos modelos para hacerlos fácilmente utilizables o para optimizar los tiempos de acceso. Las ofertas de Microstrategy (*DSS Agent*), Platinum (InfoBeacon), Informix (*METACube*), o Business Objects o Esperant de Software AG, son ejemplos de herramientas capaces de sacar partido de este modelo.

En el capítulo de las debilidades de este tipo de modelado figura la falta de exhaustividad. Así, en nuestro ejemplo, la noción de pedido ha desaparecido. La razón es que en el momento del análisis, no se ha considerado útil incluirla, lo que puede justificarse sin duda en un momento dado. Supongamos ahora que los usuarios quieren efectuar análisis a un nivel más concreto y desean conocer las correlaciones de ventas en el interior de un mismo pedido. El modelo presentado no lo permite.

Habrá que añadir una dimensión «pedido». Para ello, se vuelve a partir del modelo normalizado: la tabla *pedido* se vincula a *producto* , a *cliente* y a *fecha* . En el nuevo modelo, se añade una columna *id_pedido* a la tabla para cada tríada *producto-cliente-fecha* .

Añadir una nueva dimensión puede tener como consecuencia aumentar la tabla de hechos de manera muy significativa, pasando por ejemplo de algunos millones a varios cientos de millones de filas.

Destaquemos que el factor de aumento dependerá del contexto: en nuestro ejemplo, añadir el eje *pedido* no parece generar un importante volumen, porque las cifras de negocio estaban ya almacenadas a nivel de la jornada y del cliente; se puede suponer que, de media, el número de pedidos por cliente y día no es considerable. A pesar de todo, la administración y la optimización, incluso los recursos de hardware necesarios para soportar este tipo de reestructuración, no son evidentemente ya los mismos.

Hacer evolucionar este tipo de modelo es sin duda más difícil que para un modelo relacional clásico, especialmente si hay que manipular grandes volúmenes.

La segunda debilidad de este tipo de modelado, que, desde el punto de vista del usuario, es su principal fuerza, es que está fundamentalmente muy orientada al negocio. Un modelo de este tipo se define a partir de una necesidad o de un problema preciso y es difícilmente federable. Cada entidad tendrá sus propios indicadores y sus propios ejes de análisis y sólo algunos de ellos son transversales. Pero recordemos que uno de los objetivos del Data Warehouse es la integración, es decir, la constitución de un sistema de información de decisión a escala de la empresa. Por esta razón, muchos especialistas estiman que este tipo de modelo está adaptado principalmente a la implementación de los Data Marts, más que a la del propio Data Warehouse.

Muchos especialistas consideran que este tipo de modelo (en copo) está adaptado principalmente a la implementación de Data Marts, más que a la del propio Data Warehouse.

Esto nos lleva a las bases de definiciones del Data Warehouse y del Data Mart y a su traducción literal. Un Data Warehouse puede ser visto, si se implanta a escala de la empresa, como una memoria, un almacén de información pertinente. La información no está forzosamente estructurada para ser consumida directamente, porque el lugar mejor adaptado para acceder a ella es el almacén de datos (o Data Mart), más próximo al consumidor y organizado para responder a sus necesidades.

Si se elige esta lógica, es posible considerar que pueden implementarse dos tipos de modelos: uno destinado al depósito y otro u otros destinados a los almacenes. Las técnicas de modelado multidimensional se adaptan bien a los almacenes porque se organizan para permitir a los consumidores acceder simple y rápidamente a la información. Hay técnicas más clásicas mejor adaptadas a la implementación del depósito de datos propiamente dicho, si no se accede directamente a éste con fines de análisis.

La idea expuesta aquí no es forzosamente compartida por todos, pero es formulada por un cierto número de especialistas del tema. Es una alternativa posible, más que una metodología formal. A primera vista, esta aproximación puede parecer irreal, porque implica un almacenamiento doble, probablemente sobre volúmenes importantes. Sin embargo, si se prosigue la idea de depósito (Warehouse) hasta el fin, se constata que las informaciones que contiene no corresponden forzosamente a la suma de todas las informaciones de los Data Marts. Una vez integrada la información en los Data Marts, ya no tiene por qué figurar en el Data Warehouse (excepto para hacer más fácilmente administrable el sistema, para los guardados por ejemplo). Por ello, la información contenida en el propio Data Warehouse puede ser de tamaño reducido.

A partir del momento en que el Data Mart responde verdaderamente a las necesidades del usuario, ¿es necesario el depósito? En realidad, es más fundamental que nunca. Supongamos que la empresa dispone de tres subsistemas de decisión, uno destinado a márketing, otro a comercial, el tercero a finanzas. ¿Qué podrá garantizar que los indicadores compartidos por estos tres sistemas son coherentes entre sí, si no es el modelo transversal, el depósito de datos? En un plano más técnico, ¿cómo no desarrollar, sin depósito de datos, tres programas de alimentación que para los indicadores comunes hagan exactamente lo mismo? La redundancia de este tipo de programas implicará un mantenimiento pesado. La ejecución de los programas será por su parte consumidora en recursos, porque los sistemas destino serán solicitados en diversas ocasiones para efectuar los mismos tratamientos.

El Data Warehouse es, pues, necesario y es interesante implementarlo exactamente como un depósito de gran distribuidor, es decir, utilizarlo como estructura intermedia entre el productor del recurso (los sistemas de producción) y el punto destinado a su consumo (el Data Mart). Al ser un punto focal entre las múltiples sedes de producción y de consumo, su función será mantener la integridad de los datos y alimentar los almacenes en cuanto pueda.

La figura siguiente presenta la aplicación de esta aproximación a nuestro ejemplo con la definición de varios modelos en estrella. Los sistemas de producción están a la izquierda, el Data Warehouse en el centro y los Data Marts a la derecha.

Figura 5.6
La función del depósito central.

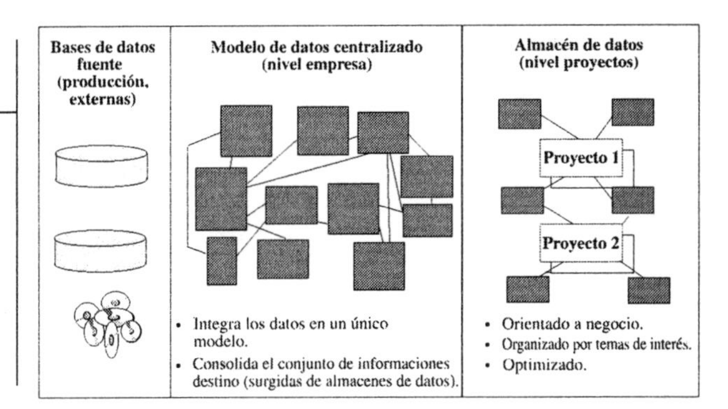

Esta aproximación se impone cuando se desarrollan varios proyectos de decisión en la empresa. Aporta ganancias importantes para el desarrollo de los procedimientos de adquisición de datos. Cuanto más avance la empresa en la implementación de su informática de decisión, más percibirá que la mayor parte de las informaciones necesarias para la implementación de los nuevos proyectos han sido ya modeladas y basta especializarlas para responder a las nuevos necesidades.

OPTIMIZACIÓN FÍSICA

Tanto si se implementa un modelo relacional «clásico», normalizado o no, como un modelo derivado de la estrella, existen dos tipos de optimizaciones físicas particularmente adaptados al mundo de la decisión. Estas optimizaciones son:

- el almacenamiento físico de las agregaciones;
- la partición o fragmentación física de las tablas según un criterio de búsqueda.

Agregación

La primera etapa de una política de optimización del rendimiento es la definición de agregaciones. Las consultas que utilizan datos agregados forman el 80 % de las peticiones efectuadas en un sistema de decisión. La construcción de tablas agregadas permite darles tiempos de respuesta inmediatos.

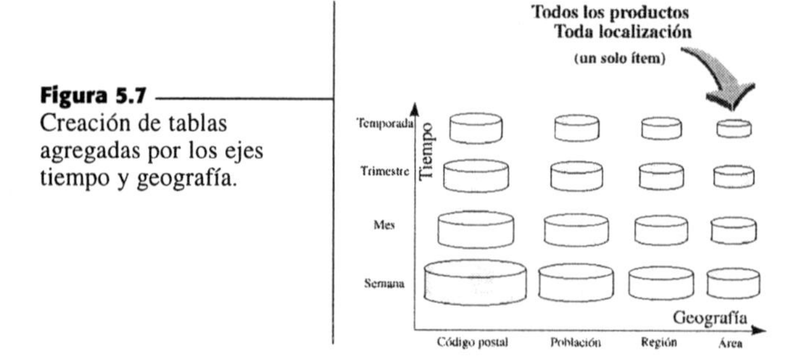

Figura 5.7 Creación de tablas agregadas por los ejes tiempo y geografía.

En el modelo anterior, se crea una tabla de agregación para cada una de las intersecciones posibles entre las dos dimensiones. Este tipo de mecanismo es operativo desde hace algunos años en los SGBD OLAP. Por esta razón, estos SGBD se adaptan mal a la gestión de bases de datos muy grandes. Cuando las bases superan un volumen importante, aparecen dos problemas:

- un volumen de almacenamiento excesivo: ciertas bases OLAP pueden necesitar una capacidad de almacenamiento 40 veces superior a los datos detallados que permiten analizar;
- problemas de rendimiento en la carga.

Una solución para paliar estos dos problemas es agregar físicamente sólo un subconjunto de todas las combinaciones potencialmente posibles. En el ejemplo anterior, se elegirá, por ejemplo, la agregación sobre el atributo fecha al nivel del mes y el año, pero no al nivel del trimestre. Esto reduce los tiempos de carga de manera muy significativa. En cuanto al rendimiento, se mantendrá tolerable, siempre que se utilicen las agregaciones físicas adecuadas cuando la consulta lo permita. Así, una agregación a nivel del trimestre se deducirá de la agregación física a nivel del mes y, por tanto, beneficiará agregaciones que el administrador ha decidido definir físicamente.

Este método de agregaciones dispersas (*sparse agregates*) está particularmente bien adaptada a los SGBD relacionales, donde un agregado corresponde a una nueva tabla de la base de datos. Además, si la base se ha modelado con aproximaciones de tipo estrella o copo, la gestión de estas agregaciones se simplifica porque los elementos susceptibles de ser agregados se agrupan físicamente en tablas de hechos.

El inconveniente de este tipo de método reside en la complejidad de administración.

Los procesos de alimentación son más complejos y más difíciles de industrializar. Hay que contar con medios para mantener una coherencia total entre el contenido de las tablas de detalle y las tablas agregadas.

Este tipo de tabla es también difícil de manipular para los usuarios. Es necesario que elijan las tablas mejor adaptadas a su consulta, aquellas en las que las informaciones están más agregadas. Para ello, es indispensable proporcionarles herramientas capaces de efectuar esta elección. Muchas herramientas de ayuda a la decisión del mercado proporcionan esta característica fundamental.

Los mecanismos presentados anteriormente son indispensables para el usuario, pero no resuelven todos los problemas. En particular, determinar los agregados correctos sigue siendo una tarea difícil para el administrador si no cuenta con el equipamiento adecuado.

Dos editores de herramientas, HP con *Intelligent Warehouse* e Informix con *METACube*, han tenido en cuenta esta problemática: sus herramientas conservan en un diario todas las consultas que tienen permitido ejecutar. Este diario permite determinar puntos potenciales de mejora de rendimiento por agregados.

Partición

La otra técnica de optimización fisica posible es la partición. Consiste en dividir una tabla voluminosa en función del valor de un conjunto de columnas. Tomemos el ejemplo del análisis de ventas. Si éstas se reparten equitativamente a lo largo del año, es posible fraccionar la tabla sobre el criterio «mes». Se obtendrán así 12 tablas, cada una 12 veces más pequeña que la tabla original.

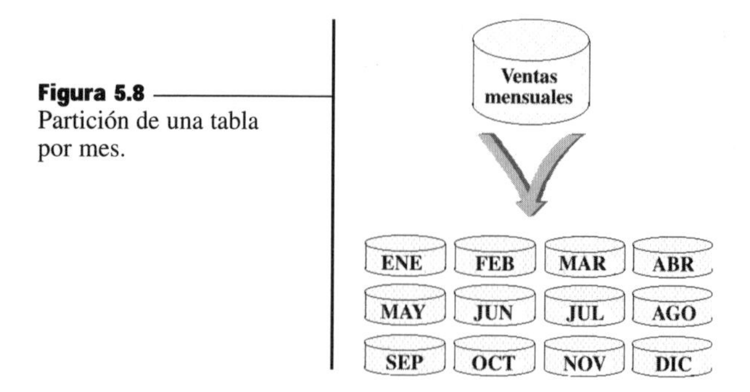

Figura 5.8
Partición de una tabla por mes.

La partición evita crear un índice sobre una tabla muy voluminosa. En efecto, si el usuario consulta las ventas de enero, sólo se solicitará una pequeña tabla y los tiempos de respuesta serán mejores.

Sobre una máquina multiprocesador y multicontroladora de disco, la partición produce beneficios incluso sobre un recorrido completo por la tabla. El SGBD puede ser capaz de asignar tareas de búsqueda en cada parte de la tabla a procesadores distintos. En el caso ideal de nuestro ejemplo, en una máquina de 12 controladores y 12 procesadores, un recorrido de tabla durará 12 veces menos tiempo que en una tabla sin partir.

Al igual que en la agregación, el problema del administrador será hacer esta optimización transparente al usuario.

Por el contrario, a diferencia de la agregación, la partición es única. Cuando se ha elegido la clave de partición (aquí, el mes), ésta determina el único tipo de acceso optimizado: si la fecha no forma parte del criterio de búsqueda, esta partición no sirve de nada.

CONCLUSIÓN

El modelado de datos es un punto fundamental en la construcción del Data Warehouse. Un modelo mal adaptado a las necesidades de los usuarios será bastante pronto inutilizable. La construcción del modelo es más crítica hoy porque no existe ningún método milagroso y pocas herramientas están en condiciones de ayudar al diseñador en su tarea. Sin embargo, algunas ofertas empiezan a afrontar la problemática del modelado de decisión como *AMC*Designor* de Sybase y *Silverrun* de CSA.

Modelo dimensional (o multidimensional): técnica de modelado consistente en modelar una base de decisión a partir de la identificación de los hechos a analizar y de las dimensiones de análisis que tienen asociadas.

La elección entre **modelo dimensional** (en estrella o en copo) y modelo relacional (normalizado o no) depende del tipo de la iniciativa de decisión a construir. Definir un modelo multidimensional para un negocio donde las nociones de dimensiones e indicadores no aparezcan claramente es arriesgado. Las dimensiones serán susceptibles de evolucionar frecuentemente y el modelo será ciertamente poco pertinente e inestable. El modelado dimensional necesita anticipar perfectamente las necesidades y las consultas de los usuarios. Un modelo mal diseñado, donde las dimensiones no son elocuentes para el usuario, dará un rendimiento deplorable. El usuario intentará tomar el modelo con recelo e interrogará las tablas de hechos sobre criterios imprevisibles.

Las aproximaciones presentadas aquí no pueden utilizarse directamente. Hay que adaptarlas al proyecto de la empresa y gestionar los numerosos e inevitables casos particulares (por ejemplo, la existencia de jerarquías múltiples en una dimensión). Estas técnicas de adaptación pueden encontrarse en [IPRModel]. Es necesario encontrar la aproximación mejor adaptada a un proyecto o decidir implementar una aproximación híbrida que combine las características de las aproximaciones presentadas.

Es necesario encontrar la aproximación mejor adaptada a un proyecto, y decidir incluso implementar una aproximación híbrida.

No hay que perder de vista nunca que el hecho de agregar o partir informaciones tiene un impacto muy importante en términos de coste sobre los procesos de alimentación y de administración. La optimización del modelo es obligatoriamente un compromiso entre rendimiento en la ejecución de las consultas y complejidad.

Un último punto: no hay que olvidar que la elección de la herramienta de ayuda a la decisión está muy relacionada con la elección del modelo y viceversa. Un modelo multidimensional sólo se puede utilizar verdaderamente si las herramientas asociadas funcionan según la misma lógica. Por otra parte, ciertas herramientas de ayuda a la decisión sólo funcionan sobre modelos muy particulares.

Este capítulo concluye la parte «implementación» de este libro. Los capítulos siguientes describen las diferentes clases de herramientas a integrar en el marco de la construcción de un sistema de decisión: los SGBD, las herramientas de alimentación, las herramientas de ayuda a la decisión y las herramientas de Data Mining.

6 SGBD y Data Warehouse

Los SGBD relacionales deben adaptarse para tener en cuenta las especificidades de la decisión. Esto se efectúa de dos maneras: por los mecanismos internos del SGBD utilizados para tratar una consulta y por los mecanismos de interfaz entre el SGBD y su entorno, es decir, la arquitectura de hardware que lo soporta.

El SGBD debe tener en cuenta las evoluciones del hardware sobre el que funciona. Así, las máquinas multiprocesador, más generalmente denominadas «ordenadores en paralelo», representan una fuente de recursos en términos de potencia de tratamiento de la que el SGBD puede sacar partido. Lo mismo puede decirse de las máquinas con arquitectura de memoria de 64 bits, cuya unión con las arquitecturas paralelas dispara los récords de *benchmarks*. La primera parte de este capítulo se interesará por la adaptación de los SGBD a estas arquitecturas.

Luego veremos que existe otra manera de optimizar ciertas consultas de decisión, además de la permitida por las arquitecturas paralelas. La segunda parte del capítulo presentará un mecanismo llamado «acelerador binario», propuesto por ciertos SGBD. Se trata de un método de indexación particular que favorece las consultas analíticas.

El SGBD debe adaptarse también a las características particulares de las consultas de decisión, para la elección tanto de un índice como de un algoritmo de unión. La última parte de este capítulo citará los principales problemas de optimización de consultas en ayuda a la decisión.

LAS ARQUITECTURAS PARALELAS

Las máquinas con arquitectura paralela han sido diseñadas a partir de varias constataciones evidentes:

- al ejecutar *n* tratamientos sobre *n* procesadores, los tiempos de respuesta serán idénticos y óptimos para los *n* clientes solicitantes;
- al hacer colaborar varios procesadores en un solo tratamiento que se puede dividir, se disminuye proporcionalmente en teoría el tiempo de respuesta.

Los gráficos siguientes ilustran la primera constatación; el primero representa el tiempo de ejecución de dos operaciones en una máquina monoprocesador.

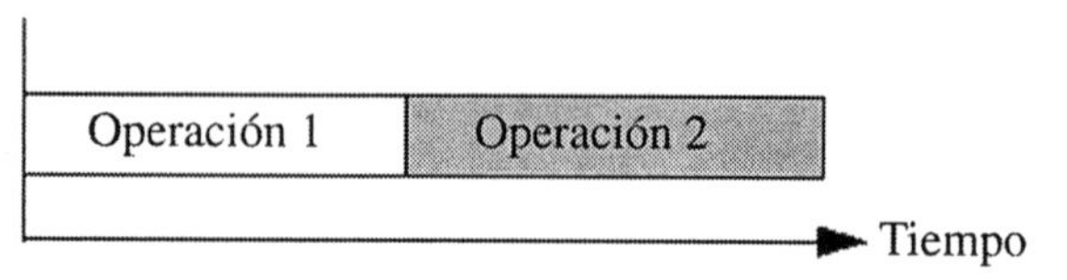

Figura 6.1
Ejecución de dos operaciones independientes en máquina monoprocesador.

El gráfico siguiente representa la ejecución de estas mismas operaciones en una máquina de dos procesadores. Ambas operaciones son independientes una de otra y pueden ejecutarse en paralelo.

Procesador 1
Operación 1
Procesador 2
Operación 2
Tiempo

Figura 6.2
Ejecución de dos operaciones independientes en máquina de dos procesadores.

El gráfico siguiente representa la ejecución de las dos operaciones en una máquina de dos procesadores, pero esta vez la segunda operación trabaja con el resultado de la primera. Por tanto, no se pueden ejecutar totalmente en paralelo, por lo que se implementa un *pipeline* de resultados. El ***pipelining*** es un método de transferencia de resultados de una operación a otra en cuanto están disponibles y no sólo al terminar la primera operación. Cuando la operación 1 empieza a producir resultados, éstos son tratados por la operación 2.

Pipelining: método de transferencia de resultados de una operación a otra tan pronto como están disponibles y no sólo al fin de la primera operación.

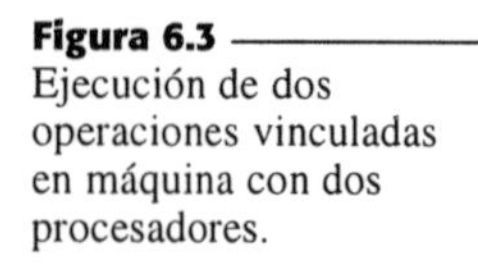

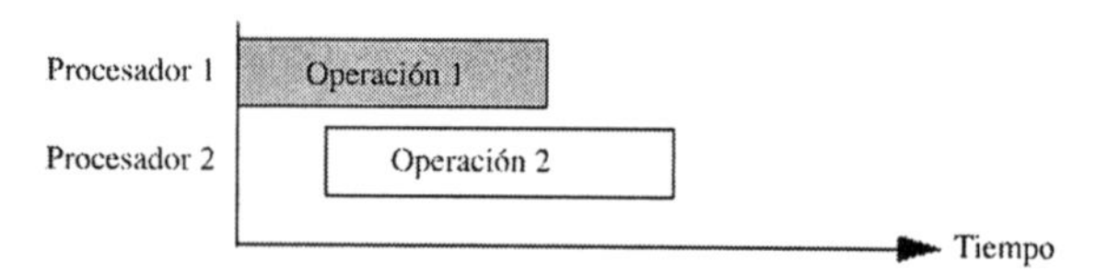

Figura 6.3
Ejecución de dos operaciones vinculadas en máquina con dos procesadores.

Las máquinas multiprocesador existen desde hace tiempo en los *mainframes* y especialmente los IBM 3090, que poseen procesadores vectoriales. El inconveniente es la falta de transparencia para la programación. Para poner en paralelo los tratamientos, los programadores deben tener en cuenta los procesadores múltiples. Esta restricción no permite facilitar la utilización del *multiprocessing*. Para hacerlo, es preciso que el sistema operativo se encargue de forma transparente de la gestión del paralelismo.

SMP *Symetric Multi Processing:* arquitectura de hardware que hace colaborar varios procesadores (algunas decenas) en una sola memoria compartida.

Cluster: arquitectura de hardware que permite la cooperación de varias máquinas para una instancia de SGBD compartiendo discos. Entorno de alta disponibilidad.

MPP *Massively Parallel Processing:* arquitectura de hardware que hace colaborar varios procesadores (hasta varios cientos) que poseen cada uno su propia memoria.

Existen varios tipos de sistemas multiprocesador. La lista siguiente los recoge del más simple al más evolucionado. Las tecnologías se detallan ulteriormente. Se trata de:

- sistemas **SMP** (*Symetric MultiProcessing*). El término *symetric* significa que todos los procesadores son idénticos y tienen el mismo nivel de prioridad;
- sistemas MP (*MultiProcessing*) no simétricos. Los procesadores están especializados para ciertas funciones: entradas/salidas, funciones matemáticas...
- sistemas **Cluster:** puesta en común de varias máquinas;
- sistemas **MPP** (*Massively Parallel Processing*): última generación de máquinas.

Aparecen regularmente nuevas formas de arquitecturas que mezclan las técnicas básicas.

El objetivo de estas máquinas es esencialmente mejorar considerablemente el rendimiento, pero también la fiabilidad, característica para la que los *mainframes* tienen mayor experiencia.

Las máquinas SMP se han popularizado, dominan el mercado y lo seguirán dominando durante unos años. El sistema está constituido por una sola memoria y n procesadores enlazados entre sí y con la memoria por un bus. El esquema siguiente resume la arquitectura.

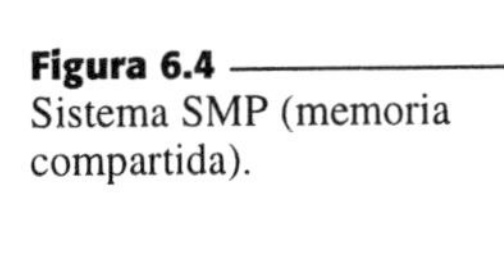
Figura 6.4
Sistema SMP (memoria compartida).

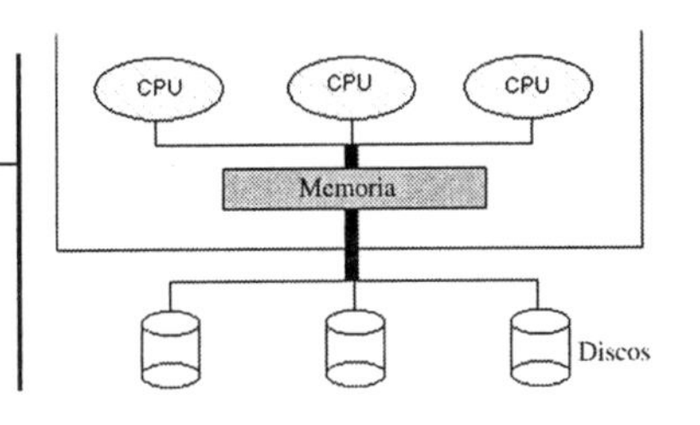

Este sistema se basa en procesadores populares cuya relación precio/rendimiento es excelente. El inconveniente es que se da un cuello de botella en el bus para acceder a la memoria.

La evolución futura del sistema queda limitada por el cuello de botella que representa el bus. Así, en las mediciones de rendimiento de estos sistemas, el crecimiento es prácticamente lineal hasta 8 o 20 procesadores, luego el rendimiento se estabiliza.

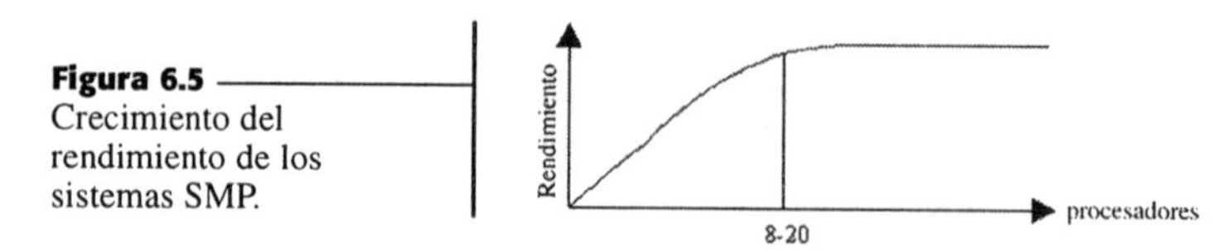

Figura 6.5 Crecimiento del rendimiento de los sistemas SMP.

Esta arquitectura existe en prácticamente todos los constructores. Se trata de una tecnología madura ampliamente extendida.

Los *clusters* son máquinas completas puestas en red que presentan una imagen única (*Single Image*). Cada máquina se llama «nodo». La CPU y las entradas/salidas son compartidas, las máquinas se conectan por una red de gran ancho de banda (de 250 Mbps a 4 Gbps utilizando fibra óptica).

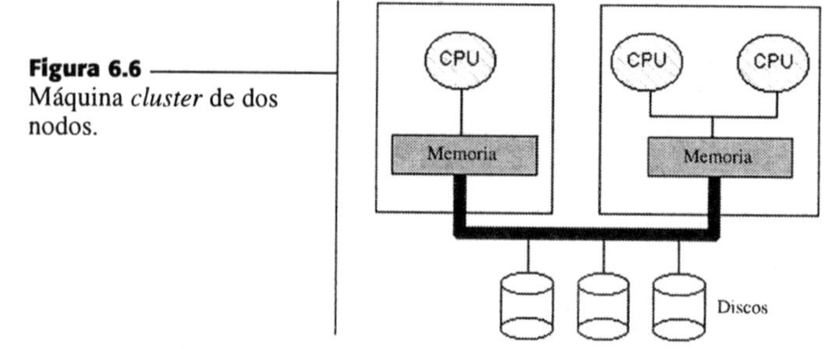

Figura 6.6 Máquina *cluster* de dos nodos.

Las máquinas comparten los mismos discos y están dotadas de un mecanismo por programa de recuperación de fallos. Este tipo de sistema se llama de alta disponibilidad porque, si una máquina falla, otra puede tomar el relevo inmediatamente. El rendimiento es también un criterio de elección de estas máquinas, que proponen la ejecución en paralelo de los tratamientos para todo programa adaptado a esta tecnología.

En la práctica, existen configuraciones de 2, 4 u 8 nodos. Más allá de este límite el rendimiento deja de aumentar. Estas máquinas, además de estar en *cluster*, pueden ser multiprocesador (arquitectura SMP). También es posible conectar máquinas de gamas diferentes.

La arquitectura MPP deriva de la arquitectura SMP pero se ha suprimido el bus: cada procesador posee su memoria privada. Cada procesador está conectado a todos los demás.

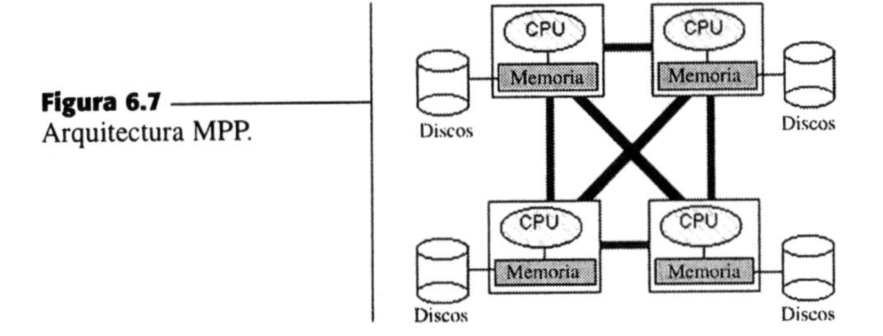

Figura 6.7
Arquitectura MPP.

Debe optimizarse la velocidad de las interconexiones, mucho más que la velocidad de los procesadores. El principal desafío presentado a los constructores será por tanto minimizar las interconexiones. Cada uno tiene su propia teoría, que ha implementado en sus máquinas, cuyas arquitecturas se denominan *hypercube, crossbar*, etc.

El declive del rendimiento se sitúa muy lejos, y es posible utilizar varios cientos de procesadores.

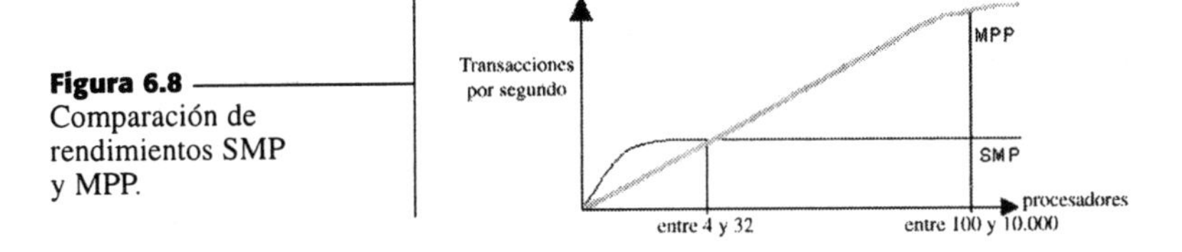

Figura 6.8
Comparación de rendimientos SMP y MPP.

Estas máquinas necesitan una administración especial porque todo es específico. También están sobredimensionadas respecto al mercado actual de la gestión (pero no respecto al mercado científico). Las ventas de estas máquinas no han sido las previstas. La mayor parte de *start-up* que las construían han hecho suspensión de pagos; sólo quedan los grandes como NCR e IBM.

Las arquitecturas *cluster* están por el momento mejor adaptadas a la demanda.

Para funcionar de manera satisfactoria en una máquina en paralelo, el SGBD debe adaptarse. El sistema operativo por sí solo no puede asumir un nivel de rendimiento suficiente debido a su ignorancia de la aplicación. Un reparto de cargas sobre los procesadores efectuado a partir de reglas generales será siempre menos rápido que un método específico adaptado a un programa. Ciertos editores de SGBD se han interesado por estas arquitecturas y proponen productos adaptados.

Problemática de los SGBD

El primer problema al que se enfrentan los SGBD en entornos paralelos es el de la utilización máxima de los recursos, sea cual sea el tipo de consultas realizadas. En un contexto de decisión, los SGBD se encargan de efectaur diferentes tipos de operaciones:

- consultas complejas: acceso en lectura a volúmenes importantes;
- operaciones complejas de cálculo en diferido (*batch*) y operaciones de mantenimiento de los datos (carga, guardado...): acceso con periodicidad constante y crítica a grandes volúmenes en lectura y actualización.

Estas operaciones deben coexistir en máquinas que gestionan habitualmente varios gigabytes de datos. El objetivo del SGBD será repartir los recursos del sistema entre estas diferentes operaciones:

- repartir a los usuarios sobre los procesadores para no penalizarlos mutuamente;
- repartir los datos en varios procesadores para efectuar tratamientos en paralelo.

El reparto de usuarios puede ser muy simple. Basta con asignar un procesador a una tarea y por tanto a un usuario.

Pero una aplicación *batch* o una consulta de decisión también viene representada por una tarea asociada a un usuario. El reparto sobre los procesadores es entonces el siguiente.

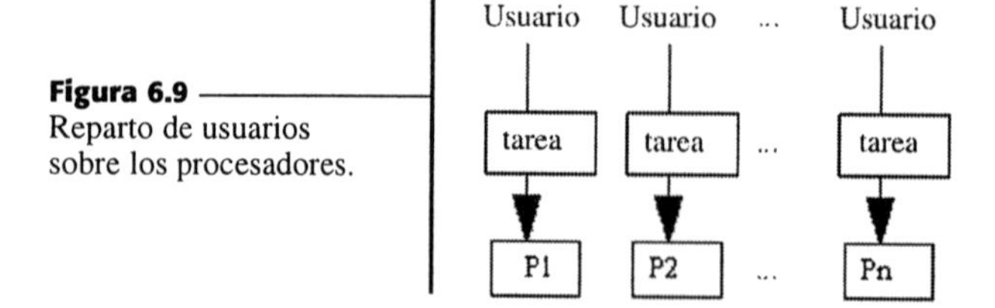

Figura 6.9
Reparto de usuarios sobre los procesadores.

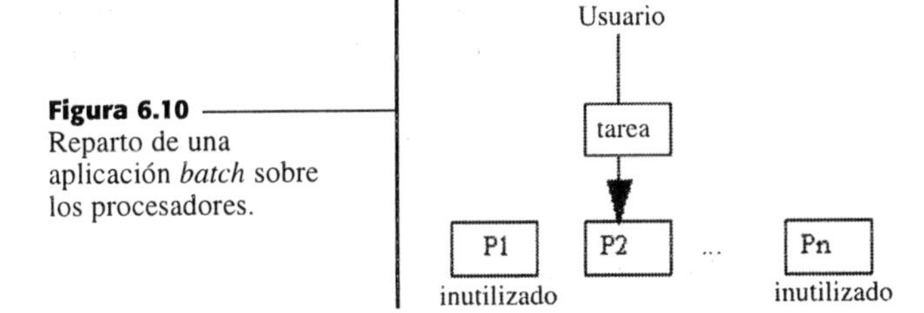

Figura 6.10
Reparto de una aplicación *batch* sobre los procesadores.

Estas aplicaciones duran mucho tiempo, necesitan muchos datos y potencia de cálculo. La máquina queda pues infrautilizada.

La solución a este problema consiste en dividir la tarea en subtareas, es decir, dividir la consulta en operaciones más elementales (como es ya el caso en la fase de compilación) y repartir estas últimas sobre los diferentes procesadores.

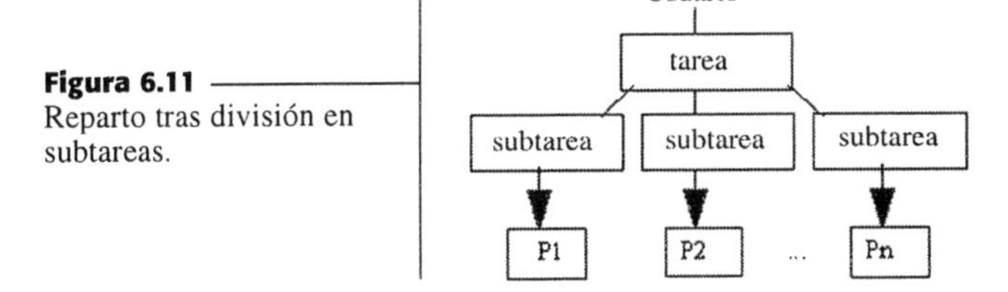

Figura 6.11
Reparto tras división en subtareas.

Para las operaciones más simples como la selección, la operación se divide en tantas tareas paralelas como sea posible, tratando cada una una parte (un fragmento) de la tabla.

Hashing: agrupación de líneas de una o más tablas según el resultado de una función aplicada sobre una o más de sus columnas. Por ejemplo, la función «módulo 5» permitirá crear 5 subconjuntos de una tabla.

El tratamiento de operaciones binarias (que implican dos tablas), como las uniones, es más complejo. Hay que adaptar los algoritmos de unión al tratamiento paralelo. El algoritmo de unión paralela por **hashing** es en general el mejor porque favorece el tratamiento paralelo. Los fragmentos de las dos relaciones se reparten en «casillas» según el resultado de una función aleatoria aplicada sobre la clave de unión, lo que produce subconjuntos de datos que luego hay que comparar.

Las subconsultas utilizan también el *pipelining* para limitar las CPU inactivas.

El otro problema que se presenta a los SGBD en este tipo de entorno es el de las memories múltiples. Las máquinas de varias memorias que comparten los mismos datos (*clusters* y MPP) dan lugar a un problema ya conocido en los SGBD, pero con otra dimensión: el bloqueo. Cada procesador posee una copia de una página en su propia memoria y, aunque bloquee su copia, nada impide a otro procesador modificar la página. El esquema siguiente resume la situación.

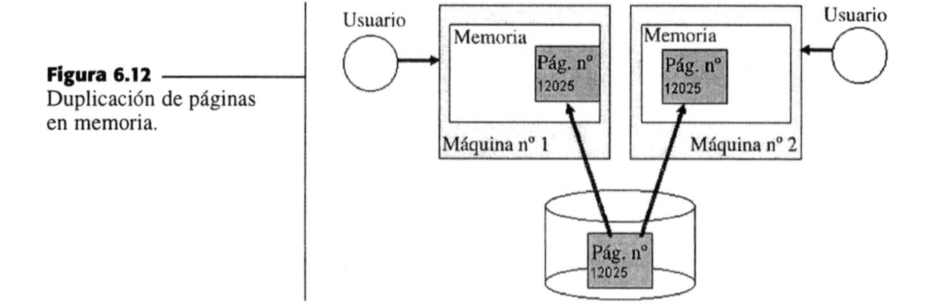

Figura 6.12 Duplicación de páginas en memoria.

Es por esto por lo que han aparecido los *Lock Managers*, coordinadores del bloqueo, ya sea centralizados o bien distribuidos. Otros editores proponen una sincronización por intercambios de mensajes. En todos los casos, éste es el punto de contención actual de las arquitecturas de memorias múltiples. En un Data Warehouse estándar, esto no presenta problema alguno porque no hay actualizaciones concurrentes, salvo en la carga. En un sistema de decisión en el que se acuerden algunas licencias a la regla de la «lectura exclusiva», puede aparecer este problema.

Paralelismo de disco

Utilizar las CPU múltiples está bien, pero existe un método de paralelismo que puede ser eficaz incluso en las máquinas monoprocesador: el paralelismo de las entradas/salidas. Recordemos una vez más que el acceso al disco es el principal cuello de botella en un SGBD.

A partir del momento en que una máquina posee varios controladores de disco, las entradas/salidas pueden hacerse en paralelo para, una vez más, optimizar el uso de la CPU.

En este caso, la tarea del administrador será repartir astutamente los datos sobre los diferentes controladores. Los beneficios son múltiples:

◆ Las contenciones en escritura se reducen, la carga se reparte sobre todos los controladores.

◆ Las lecturas se distribuyen sobre todos los controladores que sólo leen la parte de datos que tienen almacenada. El tiempo de lectura de los datos se divide por el número de controladores solicitados (los controladores leen en paralelo). Sin duda, esto sólo es válido si los datos están equitativamente repartidos sobre todos los controladores.

◆ Si la fragmentación física corresponde al criterio de búsqueda del usuario, sólo se requiere el controlador que guarda la parte buscada. Los otros quedan libres para otras consultas. Sólo la parte de la tabla interesante para la consulta se lee y se trata. El rendimiento aumenta.

El método de reparto más simple consiste en separar los diferentes tipos de datos de la base: tablas, índices, objetos largos (BLOB).

Un segundo método, que tampoco exige mucha reflexión, consiste en utilizar las capacidades de *striping* del sistema operativo o bien del SGBD. El **striping** es un método de reparto cíclico y automático de escritura de bloques de datos sobre los diferentes controladores de disco de la máquina. Cada petición de escritura (este número es generalmente configurable) se efectúa cíclicamente sobre un controlador distinto.

Striping**:** técnica de software o hardware que distribuye los datos por diferentes discos para acelerar su escritura y la lectura gracias al paralelismo de las entradas/salidas.

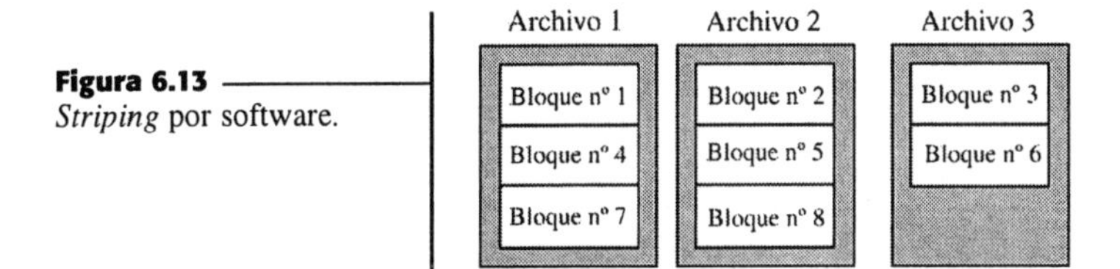

Figura 6.13
Striping por software.

Varias escrituras simultáneas no se bloquean entre sí porque los controladores utilizados son diferentes. Asimismo, las peticiones de lecturas de bloques de datos se distribuyen sobre los controladores.

El *striping* por hardware consiste en crear, a través del sistema operativo, un disco lógico compuesto de partes de varios discos físicos. El SGBD utiliza el disco lógico. Las escrituras de bloques de disco se reparten de manera transparente por el sistema operativo en los discos físicos.

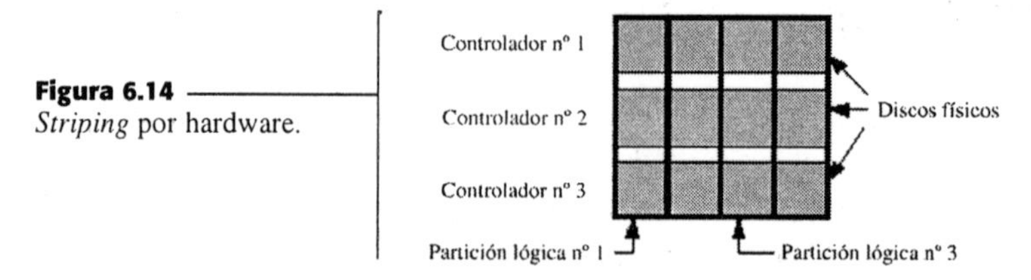

Figura 6.14
Striping por hardware.

En este ejemplo, 4 particiones lógicas se distribuyen sobre 3 discos.

La zona de sistema utilizada para almacenar las tablas temporales debe ser distribuida con prioridad, a fin de optimizar las ordenaciones, operaciones muy exigentes en entradas/salidas.

La última solución, por otra parte totalmente compatible con las otras, consiste en fragmentar una tabla. El administrador debe encontrar un método de reparto de los datos de una tabla sobre discos diferentes asegurando una baja contención en la carga y una perfecta distribución de las lecturas. Un reparto de los datos sobre los discos sin relación con las consultas hechas por el usuario no permite utilizar las lecturas selectivas.

Evidentemente, el paralelismo de procesadores y el de entradas/salidas no son contradictorios. A menudo se conjugan de maravilla.

En una máquina multiprocesador, cuando un índice no es utilizable y la fragmentación física de los datos es inexistente o bien no se corresponde con el criterio de búsqueda, debe leerse toda la tabla. El tiempo de respuesta de esta lectura mejora por la implicación de varios controladores de disco que proporcionan al procesador solicitante la parte de tabla de la que «están encargados». Dividida en subtareas, la consulta se ejecuta sobre cada parte tratada en paralelo por un procesador distinto. Las otras operaciones algebraicas que componen la consulta inicial se encadenan luego utilizando normalmente la técnica del *pipelining*.

El tiempo de respuesta es aún mejor si la fragmentación física de los datos corresponde al criterio de búsqueda expresado en la consulta. En este caso, sólo el controlador o los controladores susceptibles de corresponder a la búsqueda se ven implicados. El volumen de datos a tratar es pues inmediatamente mucho más bajo. Las operaciones algebraicas se encadenarán más rápidamente.

LAS MÁQUINAS DE 64 BITS (VLM: *VERY LARGE MEMORY*)

Una nueva arquitectura de hardware ha hecho su aparición recientemente (Digital es su precursor). Se trata de máquinas capaces de utilizar 64 bits para direccionar la memoria RAM. Las direcciones almacenadas en 64 bits permiten el direccionamiento directo de 8 millones de terabytes, que es como decir un tamaño de memoria más que razonable. Recordemos que el direccionamiento de 32 bits limita el tamaño de la memoria direccionable a 2 gigabytes.

Para los SGBD, esta arquitectura permitirá limitar los accesos a discos, mucho más lentos que los accesos a la memoria (10.000 veces más lentos). El tamaño de las áreas de trabajo del SGBD, como el área de ordenación o el área de almacenamiento de las tablas temporales por ejemplo, podrá aumentar. Más datos podrán estar cargados en memoria.

Oracle y Digital han probado la extraordinaria reserva de potencia derivada de esta arquitectura conectando varios Alphaserver 64 bits en una arquitectura *cluster* bajo Unix.

Pero, para optimizar los beneficios de esta arquitectura, el SGBD debe adaptarse. Más allá de la simple portabilidad, es necesario revisar ciertas reglas destinadas a gestionar lo mejor posible un espacio de memoria reducido, que no tienen sentido con este tipo de arquitectura. Es mejor conservar páginas en memoria que perder tiempo intentando optimizar el espacio.

Los principales SGBD se han transportado al entorno de 64 bits de Digital. Esta arquitectura ha sido propuesta por otros constructores.

ACELERADORES BINARIOS

En un contexto de decisión, no basta con ser capaz de hacer consultas en paralelo. Las necesidades en términos de análisis son específicas. Las bases contienen informaciones organizadas por temas: promociones, productos, mercados, informaciones demográficas, regiones, períodos de tiempo... Las consultas contienen numerosos criterios de selección que permiten afinar la respuesta buscada. Pero las restricciones multicriterio son más selectivas y debieran dar una respuesta más rápida. Encontrar «los clientes de Madrid con un piso de propiedad de más de 50 metros cuadrados que posean un animal» debe ser más rápido que encontrar «todos los clientes de Madrid». El tiempo de respuesta debe ser proporcional a la cantidad de informaciones extraídas y no al tamaño de la base.

Índice: estructura anexa que apunta a los datos de una tabla a partir de los valores de una columna o de un grupo de columnas de dicha tabla y se utiliza para acelerar la búsqueda de los datos.

Sobre las selecciones multicriterio, la mayor parte de los SGBD sólo utilizan un **índice** por tabla y por consulta. Si la cuestión no se basa en un atributo indexado o se basa en un atributo indexado secundario, la tabla se recorre completamente. Si todos los atributos interrogados están indexados independientemente, sólo se utilizará un índice. Si todos los atributos interrogados están indexados juntos, la respuesta será óptima, pero ¿se puede razonablemente indexar todas las combinaciones de atributos posibles?

Otro tipo de consulta que se encuentra muy frecuentemente en un contexto de decisión: los recuentos (o cuentas). «¿Cuántos clientes existen en Madrid propietarios de un piso de más de 50 metros cuadrados que posean un animal?» Esta cuestión interactiva necesita una respuesta rápida, aunque la búsqueda de la información sobre estos clientes se efectúe más tarde, en *batch.* La respuesta de los SGBD es correcta pero demasiado lenta: búsqueda según el criterio proporcionado (utilizando eventualmente un índice) seguido de recuento del resultado. El tiempo de respuesta es ídentico a la búsqueda de la lista. Puede ser incluso más largo debido al cálculo de agregación aplicado a la salida.

Una de las últimas técnicas de aceleración de los accesos para las necesidades analíticas aparecidas es el acelerador binario. Dos editores de SGBD lo proponen: Sybase con Sybase IQ y Oracle en la versión 7.3.

El acelerador es un índice inverso. No almacena los valores de una columna sino bits, señalando para cada fila de la tabla la presencia (1) o la ausencia (0) de un valor. A cada valor de la columna corresponde pues un índice binario.

Tomemos el ejemplo de una tabla «cliente» que contiene el sexo del cliente (H para hombre, M para mujer) y una indicación que señala la posesión de un animal (S para sí o N para no). Existe un índice binario sobre el sexo «masculino» y otro sobre la ausencia de animal. La cuestión siguiente: «¿Cuántos clientes masculinos no poseeen animal?» se convierte en una operación sobre tablas de bits muy rápida, en este caso concreto una combinación de «y binario» y de adición.

Figura 6.15 Ejemplo de uso de índices binarios.

Género	Posee un animal
M	S
M	N
F	S
M	N

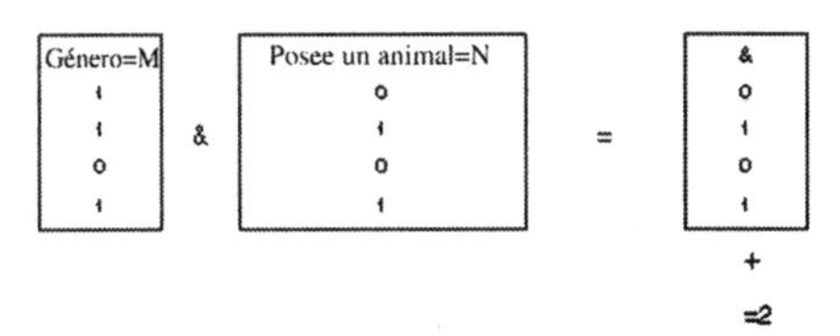

Esta estructura sólo se adapta perfectamente bien a columnas con un número limitado de valores; si no, el número de índices puede ser un problema. Observemos, sin embargo, que las tablas de bits son particularmente compactas y que diferentes técnicas de compresión pueden disminuir aún más su tamaño. Los índices de pocas dimensiones se pueden mantener en memoria con un beneficio suplementario en términos de rendimiento.

La utilización de este método de indexación es totalmente transparente para el usuario. El servidor es quien transforma las operaciones algebraicas clásicas provenientes de la acción del compilador SQL en operaciones sobre tablas de bits. Por el contrario, la actualización es delicada (muchas estructuras a mantener), pero esta restricción tiene poca importancia en la decisión. Las actualizaciones sólo intervienen en la carga.

Sybase obtiene una relación de rendimiento entre 10 y 100 gracias a la utilización de este índice respecto a las aproximaciones clásicas.

MEJORAR LOS TIEMPOS DE RESPUESTA EN LA DECISIÓN

Este apartado no pretende detallar los mecanismos de optimización de consultas, sino simplemente presentar algunas características entre las más visibles del funcionamiento del SGBD en la decisión. Pueden encontrarse indicaciones más precisas en la bibliografía de este libro y particularmente en [IPRBddec].

El SGBD tiene por tarea, entre otras cosas, ejecutar una consulta lo más rápidamente posible. Es una tarea tanto más crítica cuanto mayores son los volúmenes. Si el SGBD no accede a las tablas de forma eficaz, el tiempo de ejecución se convierte un problema flagrante.

Además de la desnormalización, la creación de índices sobre las columnas de una tabla es uno de los pocos medios de mejorar directamente los tiempos de acceso. En efecto, los índices permiten no recorrer toda la tabla y leer sólo directamente las filas que responden al criterio de búsqueda.

Pero no basta con crear índices sobre las tablas para que se utilicen. La utilización de un índice dependerá de un gran número de factores: la correspondencia entre el criterio de búsqueda y las columnas del índice, el lugar de las columnas en la consulta de definición del índice, el número de valores diferentes de las columnas indexadas... Como hemos visto anteriormente, se usa un solo índice por tabla y por consulta. Las búsquedas multicriterio son más difíciles de optimizar. Una buena política de indexación no es pues una tarea fácil.

El SGBD puede adaptarse también internamente a las consultas de decisión. Los modelos de datos particulares utilizados en informática de decisión, modelo en estrella o en copo, necesitan adaptar los planos de ejecución.

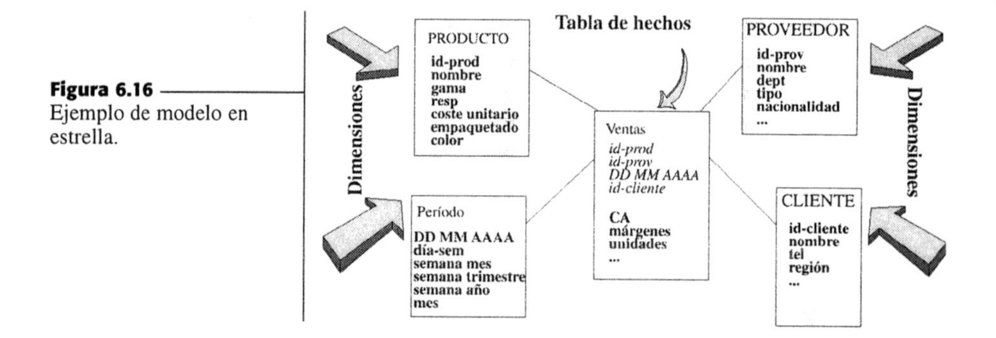

Figura 6.16
Ejemplo de modelo en estrella.

Sobre este tipo de modelo, el usuario selecciona las dimensiones para acceder a la tabla de hechos. En el ejemplo anterior, suponemos que se quiere obtener la cifra de negocio para ciertos clientes sobre un período dado. Se selecciona a los clientes y el período y luego se accede a las ventas para recuperar la cifra de negocio (CN). Pero un SGBD relacional no sabe unir más de dos tablas (agrupar sus informaciones) a la vez. Para esta consulta, ejecutará pues el tratamiento presentado en el esquema siguiente. Este esquema se llama un plano de ejecución. Los cuadros grises representan el volumen de los resultados intermedios.

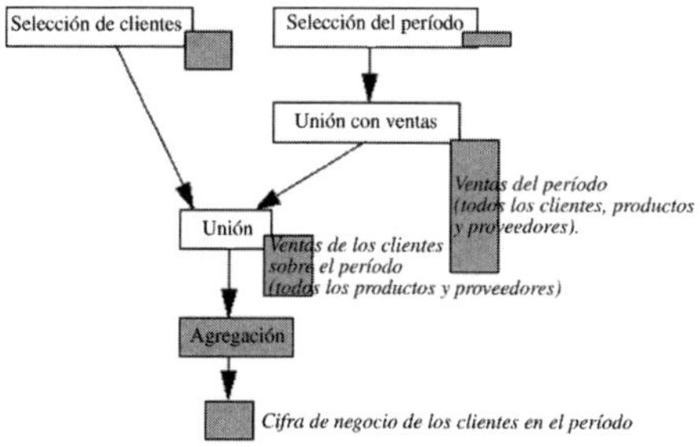

Figura 6.17
Plan de ejecución clásico.

Producto cartesiano: algoritmo de unión que hace corresponder todas las filas de una tabla con todas las filas de otra tabla. Si una tabla posee *N* filas y la otra tabla *M* filas, el resultado del producto cartesiano será de *N* x *M* filas.

Para estas consultas, puede ser interesante agrupar las tablas de dimensiones (**producto cartesiano**) tras haber aplicado las selecciones sobre estos últimos y luego unir este resultado con las ventas.

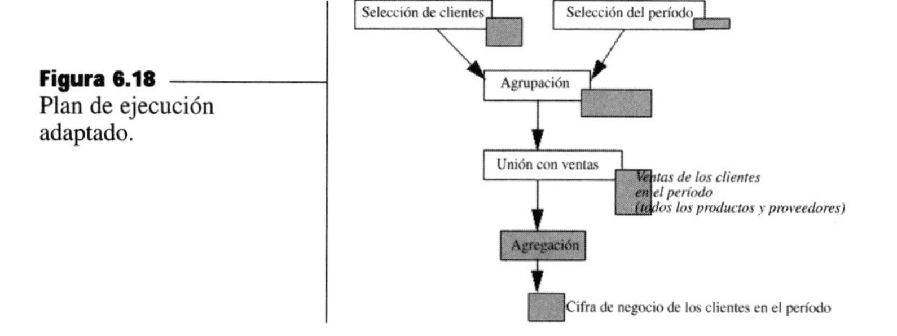

Figura 6.18
Plan de ejecución adaptado.

Una operación de unión con una gran tabla que produzca a su vez un resultado voluminoso ha desaparecido. La unión con la tabla de ventas es entonces más eficaz porque existe un índice multicolumna sobre esta tabla incluyendo el identificador del cliente y el del período. Ciertos SGBD no proponen este tipo de plano de ejecución.

Este plano puede mostrarse más eficaz que un plano «estándar», pero sigue siendo empírico: el producto cartesiano de las tablas de dimensiones debe ser de un tamaño razonable y el índice sobre la tabla de hechos debe estar particularmente bien elegido. Los índices multicolumna son particularmente voluminosos.

Existe otro tipo de unión en el mercado: el *STARjoin*™ de la empresa Red Brick Systems para su SGBD *Red Brick.* El mercado al que apunta esta empresa es sin ambigüedades el de la decisión. El algoritmo permite efectuar uniones de más de dos tablas en una sola pasada. Utiliza los *STARindex*™, también una especificidad de este SGBD. Se trata de índices que agrupan varias tablas susceptibles de ser unidas. El algoritmo de unión sólo tiene que recorrer este índice para recuperar el resultado buscado.

Más allá de los algoritmos internos, existen tipos de informaciones más delicados de manipular que los otros: es el caso de las fechas. Pero la fecha es el criterio de interrogación en un Data Warehouse. El usuario sólo se interesa muy raramente por una fecha precisa, pero suele interesarse por un grupo de informaciones en un intervalo de tiempo: el mes, el trimestre, un período del año... Los SGBD proponen funciones de recorte de fechas: día del mes, mes, año, semana del mes, semana del año, día del año, trimestre... Desafortunadamente, estas funciones no son compatibles con los accesos por índice: un índice por una columna fecha no se utiliza si se accede a la fecha a través de una función.

La creación de tablas de agregación que afectan a partes de fecha a interrogar o la desnormalización que hace corresponder a cada columna de fecha varias columnas con las partes de la fecha (día, semana, mes, año) permiten resolver el problema. Pueden crearse índices sobre estas columnas.

Cuando se utilizan períodos «de negocio» (períodos fiscales, Navidad, Pascua, aniversario...), es indispensable un modelado específico de una tabla «período». En caso de agregación a nivel del período, la noción de fecha desaparece y los problemas asociados desaparecen también.

CONCLUSIÓN

En su origen, el lenguaje SQL de conjuntos fue diseñado para la decisión. Se trataba entonces de encontrar un lenguaje natural que permitirera a todos los usuarios interrogar la base de datos sin formación. Todos los SGBD relacionales han adoptado este lenguaje, pero no forzosamente el contexto en el que se situaba. Los editores se han concentrado en el mercado principal de la época: el OLTP. Hoy la decisión se ha convertido en algo estratégico, es el nuevo mercado de valor, y aparecen esfuerzos de adaptación.

Existe un ámbito donde los editores de SGBD han invertido muchos esfuerzos que va dando algunos frutos: la adaptación a las arquitecturas paralelas. Los principales SGBD funcionan sobre todos los tipos de máquinas paralelas y principalmente los SMP y los *clusters*. La arquitectura interna es muy distinta entre productos, el paralelismo de los discos está más o menos evolucionado o conseguido, pero se han hecho inversiones, normalmente con el soporte de un constructor de máquinas. Es cierto que en términos de márketing estos entornos son muy citados. Los récords en los *benchmarks* transaccionales son un medio simple y seguro de hacerse con una imagen fuerte.

Los editores y sus productos se distribuyen en distintas categorías:

◆ las bases dedicadas, relacionadas con las máquinas masivamente paralelas, NonStop SQL (Tandem), DBC/1012 (Teradata/NCR), propuestas por editores experimentados (la mayor parte de las referencias Data Warehouse son sobre Teradata), pero sus productos son bastante caros, radicalmente altos de gama y propietarios;

◆ las bases especializadas en la decisión, ya sean multidimensionales (Arbor Software, Oracle Express, etc.) o no (SAS, Red Brick);

◆ las bases de datos relacionales «abiertas» simplificadas, es decir, destinadas tanto al transaccional como a la decisión, pero en las que sus editores empiezan a aportar optimizaciones específicas del contexto de decisión (IBM, Informix, Microsoft, Oracle, Sybase, etc).

Pero, para un usuario cualquiera, hoy sigue siendo aún difícil hacer funcionar correctamente un SGBD en entornos de decisión. Desde hace más de veinte años, los SGBD se han optimizado para responder rápidamente a las consultas simples del transaccional. Su modo de funcionamiento debe adaptarse a otro contexto, necesitan proponer nuevos algoritmos, nuevas estructuras de acceso, nuevas funciones, además de los simples agregados. El cambio está en marcha, pero las ofertas no son homogéneas entre los editores. Los SGBD no proponen todos las mismas funcionalidades para el contexto de decisión y es muy difícil, fuera de una maqueta, comparar *a priori* las aproximaciones. Esperemos que los mecanismos puramente de decisión no necesiten veinte años para llegar a la madurez.

El uso del SGBD en las arquitecturas cliente/servidor permite elegir herramientas independientes del proveedor de SGBD adaptadas a los diferentes tipos de necesidades de los usuarios. Los capítulos siguientes describirán la problemática de las herramientas de alimentación situados por encima y por debajo del servidor, las características de las herramientas de ayuda a la decisión y de Data Mining.

7 La alimentación del Data Warehouse

Alimentar un Data Warehouse consiste en migrar y preparar los datos provenientes de los sistemas operativos para su análisis en el entorno de decisión. Esta operación es ante todo un ejercicio de migración de datos. Ilustremos esta problemática con un diagrama del Meta Group que describe el mercado de la migración de datos.

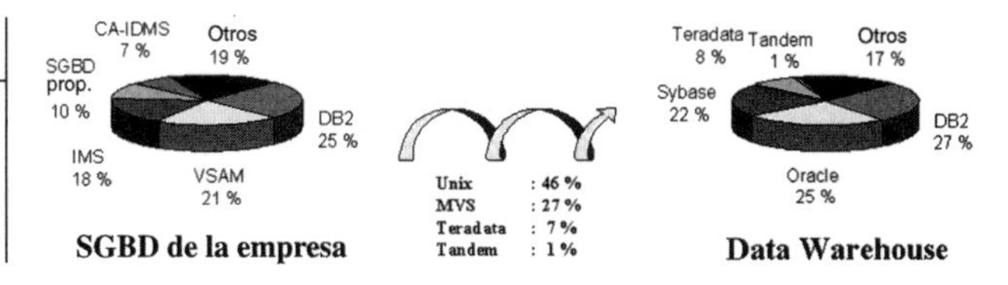

Figura 7.1 Reparto de proyectos de migración de datos por entorno (fuente: Meta Group)

Heterogeneidad: carácter de un sistema global que integra varios tipos de máquinas o de SGBD. En un mundo perfecto, el sistema heterogéneo, a menudo distribuido, debe ser transparente para el usuario a fin de integrar automáticamente los sistemas existentes de una empresa.

En la parte izquierda se describen los sistemas fuente existentes normalmente en un *mainframe*; el sistema de información puede ser muy heterogéneo. A la derecha, el entorno es habitualmente más homogéneo. Es el terreno de los sistemas abiertos (principalmente máquinas UNIX, en ocasiones Windows NT según el tamaño) que albergan SGBD relacionales del mercado. Entre estos dos mundos se intercala un proceso de transferencia de datos desde los sistemas de gestión de datos fuente hacia los SGBD destino, situados muy probablemente en máquinas diferentes. La noción de transferencia cubre primero el transporte, pero también la conversión de datos. El paso de los datos origen hacia los sistemas destino implica generalmente un conjunto de transformaciones sobre los datos iniciales (cambio de formato por ejemplo). Este proceso es muy caro en la implementación de un Data Warehouse, por lo que debe tomarse muy en serio lo más pronto posible. Los especialistas avanzan costes que llegan hasta el 80 % del presupuesto total del proyecto. Esta cifra importante depende de numerosos factores, siendo los principales la **heterogeneidad** del entorno, los tratamientos de conversión y la reactividad esperada del sistema en función de las nuevas necesidades. Finalmente, no hay que olvidar que la migración de datos citada anteriormente es un proceso completo y por tanto periódico. Debe optimizarse y automatizarse.

En este contexto, una herramienta proporcionará una ayuda inestimable si es capaz ante todo de automatizar al máximo este proceso de transporte-transformación. En este caso, aportará una ganancia de productividad en el desarrollo y especialmente una ventaja innegable en la fase de mantenimiento del sistema. Las herramientas del mercado dedicadas a la migración de datos no sólo pretenden mejorar la productividad (mediante lenguajes de cuarta generación), sino que también pretenden mejorar el seguimiento y la administración del proyecto. Generalmente, hay un referencial en el interior de la herramienta, lo que permite, por ejemplo, centralizar las especificaciones de las reglas de migración y proporcionar funciones más avanzadas, como anticipar el impacto de una modificación de un dato fuente en el proceso de migración de datos.

La problemática de la alimentación de un Data Warehouse se resuelve por la implementación de un proceso en cinco fases, esquematizadas a continuación.

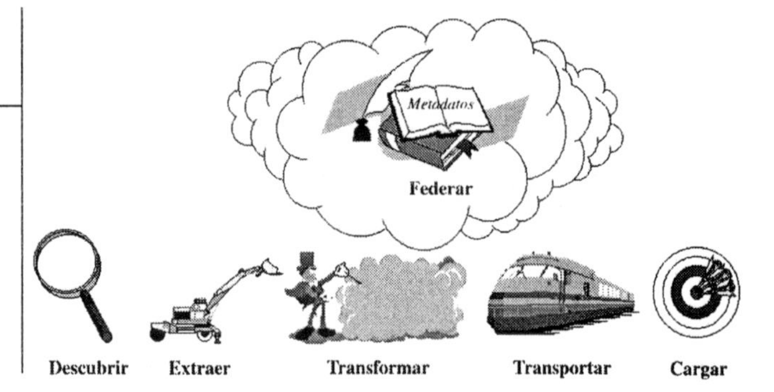

Figura 7.2
El proceso de alimentación del Data Warehouse

Las herramientas de alimentación implementan más o menos automáticamente cada una de estas fases. Detallemos este proceso.

Antes de la fase de extracción, primero será necesario identificar los datos (es decir, localizarlos en el sistema de informaciones) y luego depurarlos. Esto designa la operación consistente en mejorar la calidad del flujo de datos a transferir. Depurar no quiere decir que los sistemas operativos sean malos, ni que contengan datos falsos, sino que los problemas de conflicto y de redundancia deben resolverse en esta fase. Cuando se consolidan informaciones provenientes de sistemas distintos, aparecen las redundancias: típicamente, las bases de clientes a menudo están gestionadas en varios sistemas y un mismo cliente puede aparecer con diferentes atributos y propiedades según la fuente consultada. Hay que elegir las fuentes de datos de mayor calidad para el proceso de decisión de la empresa, algo nada simple porque la semántica entra en juego en esta operación. Por ejemplo, cuando varios clientes homónimos se detectan en los archivos de clientes fuente, hay que decidir si estos homónimos se refieren o no al mismo cliente, qué archivo posee las informaciones más actualizadas sobre dicho cliente, etc. Las fases de depuración y de consolidación permiten garantizar la fiabilidad de los datos a transferir y por tanto la coherencia del Data Warehouse.

Luego, es necesario transformar (o convertir) estos datos para prepararlos para la estructuración elegida para el sistema de decisión. Elegir los temas de interés no basta, hay que definir los niveles de detalle, de agrupación, etc. Esta fase se deduce del modelado del sistema de decisión: es su implementación física en cierto modo. Por ejemplo, si se utiliza un modelado en estrella, hay que transformar los datos a fin de preparar las dimensiones, los datos detallados y agregados.

Esta fase de conversión del flujo de datos puede intercalarse en diferentes puntos del proceso descrito anteriormente. El momento para efectuar las transformaciones depende de las restricciones específicas. Por ejemplo, puede optarse por hacer esta operación en la sede central, porque se dispone de tiempo en esta máquina y de la potencia de cálculo necesaria. Otra aproximación consiste en no hacer casi nada en el *mainframe*, excepto las extracciones de los datos fuente para transferirlos luego inmediatamente. Las verificaciones de integridad y todas las transformaciones se hacen en una máquina dedicada o en la plataforma destino.

DESCUBRIR LOS DATOS

Esta operación puede parecer trivial a primera vista, pero la realidad es muy distinta cuando el número de fuentes de datos a gestionar aumenta. Una empresa que posea por ejemplo numerosos archivos de clientes debe elegir el mejor para las fases siguientes (extracción, transformación...). Las herramientas de estudio de datos de una base pueden resultar extremadamente interesantes para este tipo de análisis. En la práctica, las técnicas de Data Mining detalladas anteriormente en este obra se utilizan en ocasiones por encima de la extracción para realizar esta tarea de evaluación de la calidad de los datos fuente.

Hay que estar atento y no negligir esta etapa porque tiene repercusiones sobre el proceso de alimentación en su conjunto: elegir mal estos datos fuente puede complicar inútilmente la alimentación del Data Warehouse.

EXTRAER LOS DATOS

La fase de extracción debe hacer frente a la heterogeneidad de las fuentes de datos a consultar. La respuesta ideal para llevar a buen término esta fase es utilizar una herramienta que ofrezca mecanismos homogéneos y evolutivos. El término *homogéneo* significa aquí esencialmente «no necesitar la presencia de varios especialistas en sistemas para extraer los datos». Si el sistema de informaciones de la empresa es muy heterogéneo, es impensable implicar a un experto para cada uno de los sistemas. La herramienta utilizada debe aportar un cierto nivel de abstracción respecto a este problema y ocultar la heterogeneidad de la infraestructura subyacente. Así, sólo es necesario un especialista, competente en la manipulación de datos y con una visión de conjunto del proceso. La complejidad técnica de acceso a tal o cual fuente particular se delega entonces a la herramienta extractora.

La herramienta debe ser abierta respecto a la fuentes de datos, es decir, que debe reconocer una paleta extensa de gestores de datos. Éste es a menudo un criterio primario discriminante. Especialmente cuando la empresa ha desarrollado su propio sistema de almacenamiento, la herramienta debe tener la capacidad de adaptarse y debe ser extensible.

Por otra parte, la herramienta debe ser capaz de leer selectivamente datos fuente. Es decir, debe aportar la facultad de filtrar los datos en lectura: es inútil extraer los atributos del sistema de producción no relevantes para el sistema de decisión. El extractor sólo debe extraer la información juiciosa.

Una vez alimentado el sistema de decisión por primera vez, el proceso no se para aquí y, periódicamente, los flujos de datos refrescarán la base de decisión. Lo ideal en este caso es recargar el Data Warehouse sólo con los datos modificados o añadidos desde la última extracción. Ciertas herramientas empiezan a proporcionar este tipo de funcionalidad para optimizar la fase de extracción, el *changed data capture*. La idea consiste en realizar extracciones diferenciales utilizando un mecanismo de marcado de los datos, normalmente por examen de la fecha de la última modificación asociada al dato. Esta marca puede ser específica de la herramienta, o bien la efectúa automáticamente el gestor de datos consultado; en este caso, la herramienta debe saber leer el **diario** de transacciones asociado (transacción base de datos relacional u otros) para constituir su flujo de extracción por filtrado sobre la fecha. Cuanto más imponentes son los volúmenes de datos manipulados, más interesante, incluso inevitable, se hace esta funcionalidad.

Diario: *log* en inglés. Estructura de almacenamiento particular que conserva el rastro de todas las modificaciones que tengan lugar en una base.

No vivimos en un mundo inmutable, ni mucho menos, y probablemente llegará un nuevo tipo de gestor de datos a la empresa tras la compra de la herramienta de extracción (el ejemplo de los programas integrados como SAP es típico). En este caso, la facultad de extensión de la herramienta es una ventaja indispensable para permitir tener en cuenta esa nueva fuente de datos en la herramienta. La oferta más avanzada en este sentido es *Extract* de ETI, que propone construir extensiones integradas, por ejemplo para acceder a los nuevos SGBD o a los sistemas «propietarios» existentes en la empresa.

Las transformaciones pueden hacerse en el momento de la extracción o durante otra fase. Esta flexibilidad debe conservarse y la herramienta no debe ser restrictiva en este nivel. Por consiguiente, debe ofrecer la capacidad de generar código asegurando el acceso a los datos y eventualmente su transformación, tanto sobre las plataformas fuente como sobre los sistemas destino (Cobol, JCL, C, etc). La capacidad de generación de código debe cubrir a la vez el programa fuente, los *scripts* de compilación y de lanzamiento, incluso de planificación (lanzamiento periódico de la tarea). Por ejemplo, generar Cobol sobre *mainframe* sin los JCL no tiene gran interés.

Finalmente, la integración entre las fases es importante. La extracción debe ser integrada con las otras fases del proceso de migración. Además, la integridad de las operaciones debe garantizarse. Por ejemplo, en caso de fallo en una extracción múltiple (varios sistemas operativos fuente en juego), la herramienta debe permitir volver atrás, a la anterior versión del sistema de decisión.

DEPURAR Y TRANSFORMAR LOS DATOS

Una de las claves para el éxito de un proyecto de Data Warehouse es el formateo y la preparación de los datos para su análisis. Hay que depurar y transformar los datos fuente. Pero, para depurar, hay que identificar los datos anormales, lo que equivale normalmente a realizar un análisis semántico de los datos y cae más allá de las capacidades actuales de las herramientas. Hoy, se pueden esperar de estas herramientas ayudas para descubrir datos incoherentes. Una anécdota sobre el tema se produjo en una empresa estadounidense especializada en el alquiler de vehículos, deseosa de implementar un sistema de decisión para el análisis de la clientela. Los primeros resultados dejaron claro que los habitantes de la región de Boston eran grandes consumidores de vehículos, hecho inesperado y sin explicación. Al intentar aclarar el fenómeno, descubrieron que los turistas extranjeros que alquilaban un coche en el aeropuerto de Boston eran registrados por la operadora como residentes en Boston porque el sistema no había previsto los códigos postales extranjeros y le imponía la entrada de esta información. Es decir, ciertos datos eran semánticamente falsos en su base de clientes. Este género de situación que implica la descripción de filtros complejos para corregir los datos, si es que puede resolverse técnicamente, es difícil de programar en L3G y prácticamente imposible en lenguajes de tipo SQL. Asimismo, la herramienta debe proporcionar un lenguaje o bien medios de descripción de transformaciones complejas.

Otra funcionalidad importante es la facultad de asociar campos fuente con campos destino (*mapping* de datos). Estas asociaciones pueden ser simples, como el *mapping* de un campo fuente hacia un campo destino sin transformaciones (las herramientas ofrecen para ello un modo automático o semiautomático). Pueden ser más complejos cuando aumenta la cardinalidad de la asociación (*mapping* de 1 a *n*, de *n* a 1 o de *n* a *m*). La descomposición de un campo fuente «Dirección» en *n* campos destino «N° calle», «Nombre calle», «Código postal», «Población» es típico de este tipo de transformación. Al revés, la asociación puede describir una fusión de *n* fuentes hacia un destino. Varios archivos de cliente pueden coexistir en los sistemas operativos, pero la consolidación de informaciones en un mismo archivo de clientes es necesaria para alimentar la base de decisión. El caso extremo es el *mapping* de *m* fuentes hacia *n* destinos. Todas estas asociaciones pueden contemplarse a diferentes niveles: tabla o archivo, campo o parte de campo.

A menudo son útiles las funcionalidades de sincronización avanzada, especialmente respecto a la sincronización de las claves. Cuando se fusionan varios archivos de clientes, por ejemplo, los identificadores utilizados no son forzosamente idénticos en cada uno de los sistemas operativos y se presenta un problema de arbitraje. Hay que recrear las claves a partir de uno de los formatos existentes, o bien calcular una nueva clave para cada ocurrencia del archivo destino.

Las herramientas de extracción de gama alta existentes pueden verse como entornos especializados en la migración de datos. Ofrecen un nivel de abstracción elevado para todas las manipulaciones de acceso a los datos. También deben proporcionar excelentes herramientas para convertir los datos (por ejemplo un lenguaje o una interfaz gráfica de descripción de manipulaciones). Además, es preciso que estos entornos sean bastante flexibles para adaptarse al contexto de la empresa, es decir, parametrizables para que tengan en cuenta las reglas de gestión específicas. Una calidad indispensable es su apertura a lo existente, su facultad para poder reutilizar el capital en programación de la empresa.

Finalmente, deben estar pensadas para manipular grandes volúmenes de datos. El motor de generación del código para los programas de migración debe producir un código muy optimizado en función de la fuente. Como complemento, se necesitan herramientas de rastreo y análisis para el seguimiento del proceso para recuperar, por ejemplo, el número de rechazos durante el filtrado de los datos.

LA TRANSFERENCIA DE DATOS

Se pueden distinguir dos aproximaciones posibles para implementar el tercer proceso importante, la transferencia de datos:

◆ La transferencia de archivos, en el sentido primario del término. La extracción de datos debe producir un conjunto de archivos fuente a transportar hacia el sistema destino. El proceso de transformación interviene sobre los archivos procedentes de la extracción o bien sobre la máquina destino antes de la carga en la base destino. La alimentación de la base de decisión se hace a partir de estos archivos. Actualmente, ciertas herramientas de migración de datos cooperan con herramientas de este tipo. Esta técnica es conocida y controlada. Las herramientas en el mercado son maduras y seguras.

◆ La transferencia de base a base. En este caso, las herramientas trabajan en modo conectado de una fuente de datos a otra fuente de datos. Los datos se extraen de la fuente para llevarlos al destino aplicándoles eventualmente las transformaciones en el proceso. La ventaja es que un solo proceso centraliza la operación de migración de datos, facilitando en gran medida su administración. Los inconvenientes son múltiples: en general, los mecanismos de transferencia de base a base son más lentos, menos seguros, menos optimizados (no gestionan forzosamente la compresión ni se integran con las herramientas de carga rápida de los SGBD) y no cuentan con funcionalidades sofisticadas de transformación.

LAS HERRAMIENTAS DEL MERCADO

Las tres ofertas más identificadas del mercado se especializan en la migración de datos. Se trata de *Extract Suite* de ETI, *Warehouse Manager* de Prism Solutions y *Passport* de

Carleton. Se articulan alrededor de un diccionario central, que se encuentra en el centro del producto y permite centralizar la especificación y la administración del proceso de migración: es la fuente principal de informaciones para el generador de programas de extracción, de transformaciones y de carga de datos.

Extract Suite de ETI

Se trata de la oferta actualmente más sofisticada. Evolutionary Technologies Inc. (ETI) surgió de un consorcio de investigación. El producto *Extract* nació de un proyecto de investigación que estudiaba la compatibilidad entre fuentes de datos heterogéneas. El proceso de migración en *Extract* se define como un conjunto de asociación entre datos y destinos. Esta característica es diferencial respecto a los otros dos productos descritos. La herramienta *Extract* tiene la característica esencial de ser un entorno extensible: sabe dialogar con la mayor parte de gestores de datos del mercado y proporciona todas las herramientas para tener en cuenta toda fuente de datos no reconocida de modo estándar por el entorno. El precio de esta potencia es una curva de aprendizaje más elevada; en efecto, la herramienta manipula conceptos bastante complejos de asimilar (gramáticas formales por ejemplo), lo que hace su aproximación más difícil.

Passport de Carleton

Carleton es una empresa estadounidense cuya originalidad es tener dos laboratorios de desarrollo, uno de ellos en Bruselas, Bélgica. Así, las fuentes de datos habituales en Europa (como Bull o Siemens Nixdorf) son tratadas por el polo de búsqueda belga. La herramienta proviene del mundo de grandes sistemas y genera lenguaje Cobol para los programas de conversión. Un proyecto de migración de datos con *Passport* debe verse como una cadena de transformaciones partiendo de *n* archivos fuente para llegar a *m* archivos destino eventualmente mediante archivos intermedios para las operaciones de conversión. Ofrece para ello herramientas gráficas de manipulación simple.

Warehouse Manager de Prism Solutions

Prism Solutions, contrariamente a las dos primeras empresas citadas, que tienden al mercado de la migración de datos en general, se ha especializado en la problemática del Data Warehousing; la dirige técnicamente uno de los gurús del tema, Bill Inmon. Fuerte lógicamente, la oferta de Prism Solutions se benefica de una buena adaptación al contexto y a la problemática específicos del Data Warehouse. Por ejemplo, una herramienta conexa, *Directory Manager,* aborda la gestión de metadatos no solamente desde el punto de vista técnico, sino también desde el punto de vista de negocio. La herramienta de extracción propiamente dicha se distingue poco de la de la competencia: tiene una aproximación a archivo Cobol comparable a la de Carleton y trata el proceso de migración de manera análoga, como una cadena de transformaciones.

Otros productos

Otras herramientas menos sofisticadas, algo más baratas, se posicionan en este mercado. A menudo, se encuentran en el origen de entornos de transporte de datos, enriquecidos con la serie de funciones de transformación. Están mucho menos centrados en los metadatos que los anteriores y tienen un diccionario menos potente, menos abierto. Sus posibilidades de transformación son a menudo limitadas. Esta aserción corre el riesgo de ser falsa, porque las herramientas de esta categoría progresan enormemente, sus editores intentan competir con las primeras figuras. Se pueden citar algunos actores como Software AG o Information Builder que proponen respectivamente *Font Point* y *Copy Manager.* Platinum, con *Infopump* y *Data Shopper,* intenta también ocupar este mercado.

CONCLUSIÓN

Las herramientas disponibles hoy en el mercado son a primera vista caras. Las herramientas verdaderamente especializadas en la migración de datos tienen precios de entrada que van de uno a diez millones de pesetas. Este orden de precios se explica primero por el contexto *mainframe* donde no existe la venta en cantidad. Las tarifas de los programas que dialogan con estas plataformas se resienten proporcionalmente. Sin embargo, si se piensa bien, esta inversión se justifica. En efecto, hay que relativizar los costes entre herramientas cliente y herramientas servidor. Típicamente, el precio de una herramienta cliente de ayuda a la decisión es de algunas decenas de miles de pesetas. Si se multiplica por cientos de puestos, el coste del paquete global alcanza rápidamente los mismos órdenes de magnitud que hemos descrito anteriormente. El segundo elemento importante es el retorno sobre inversión esperado. Las ganancias serán sensibles en la fase de desarrollo. EDS, en Estados Unidos, ha podido justificar la compra de la herramienta de ETI haciendo una evaluación de los tiempos de desarrollo con y sin esta herramienta. Las aportaciones más significativas del empleo de este tipo de solución serán visibles a largo plazo, en el mantenimiento y la evolución de proyectos. Muchas firmas cometen hoy el error de no ver más allá del proyecto piloto; evidentemente, el presupuesto del proyecto piloto raramente permite contemplar la compra de una de estas herramientas. Por el contrario, la adquisición de éstas se justifica mucho más fácilmente si se razona sobre la duración de vida total del proyecto, al implantarse el Data Warehouse de manera iterativa, iniciativa por iniciativa. Sin embargo, para obviar este problema, los editores de herramientas empiezan a proponer mecanismos de inicio mínimos, que facilitan el acceso a los pequeños proyectos.

Los productos anteriormente citados se centran en la migración de los datos y no ofrecen asistencia en cuanto al descubrimiento de los datos adecuados. Pero antes de migrar o de convertir un flujo de datos, es crucial haber identificado y elegido los datos adecuados. La calidad de los datos transferidos es una garantía indispensable para la fiabilidad del sistema de decisión. Otra clase de herramientas, poco implantada en España hasta ahora, se dirige a este problema:

las herramientas de análisis de la calidad de los datos (*Data Scrubbing Tools*). Su objetivo es escrutar los datos fuente para hacer un control de calidad. Las bases de márketing constituyen un destino ideal para este tipo de herramienta. Los archivos de direcciones deben ser de una integridad irreprochable para poder ser usados eficazmente. Por ejemplo, un cliente Gómez de un archivo dado no debe confundirse con el cliente Gómez de un otro archivo (hay que asegurarse también de que este Gómez sea un cliente distinto de la ocurrencia homónima del segundo archivo). Estas herramientas escrutan las bases fuente y proporcionan una asistencia para detectar las incoherencias, los datos no cumplimentados o inválidos y las redundancias. En esta clase, se puede citar por ejemplo las ofertas de Vality, QDB Solutions y Apertus Technologies.

Una vez cargados los datos en el Data Warehouse, es necesario transformar estos datos en *business intelligence*. De manera más pragmática, el capítulo siguiente detalla los diferentes medios para asistir al usuario en sus tomas de decisión.

8 Las herramientas de ayuda a la decisión

Antes de seguir adelante, destaquemos que el concepto de Data Warehouse no integra verdaderamente el aspecto «herramientas de ayuda a la decisión». Más bien se refiere a la noción de infraestructura para la decisión. El puesto cliente se sitúa al margen de la problemática del Data Warehouse. Estas herramientas de ayuda a la decisión son, sin embargo, los elementos que permiten utilizar la arquitectura del Data Warehouse.

En un contexto de Data Warehouse debe cuestionarse el razonamiento, común en las empresas, que consiste en empezar por efectuar las elecciones técnicas de herramientas de ayuda a la decisión. Aquí, lo importante es tener una arquitectura, una base de decisión alrededor de la cual engarzar las herramientas mejor adaptadas a cada necesidad. Este proceso es posible por la baja cantidad de desarrollo necesario con las herramientas de ayuda a la decisión. El trabajo del administrador de una herramienta de ayuda a la decisión como Business Objects, por ejemplo, es definir universos para hacer los datos más fácilmente accesibles. Esto no representa enormes inversiones y se efectúa normalmente de manera rápida. La constitución de estados predefinidos puestos a disposición de los usuarios no exige tampoco una carga de trabajo importante. Es pues posible cambiar de herramienta con el tiempo o proponer una panoplia de herramientas a los usuarios según sus necesidades. Por ello, la arquitectura implementada por la empresa debe ser independiente de la elección de las herramientas.

La flexibilidad es tanto más necesaria por cuanto los progresos tecnológicos son perpetuos en el mundo de la ayuda a la decisión. Hace tres o cuatro años, las pocas herramientas disponibles eran o herramientas en su origen más bien centradas en el *mainframe* (ofertas completas del estilo de la de información *Builders*, de SAS), o bien herramientas destinadas a interrogar una base relacional, siendo uno de los pioneros en el ámbito Business Objects. Poco a poco han ido apareciendo nuevos competidores. Cada vez más actores de peso, entre los cuales están los editores de bases de datos, entran en el mundo de la decisión. El mercado se hace así muy competitivo y disputado y conoce evoluciones constantes. Sacar partido lo antes posible de estas evoluciones sólo es posible si la arquitectura se diseña para conseguirlo.

Por otra parte, una sola herramienta no podrá resolver el conjunto de problemas de decisión de una empresa en un contexto de Data Warehouse. Es necesario orientarse hacia una gama de herramientas, una *suite* de decisión en el sentido de paquete de software, que responda a todas las necesidades de los usuarios. Deberá ser lo más coherente posible, contener herramientas relativamente homogéneas, capaces de comunicarse entre sí.

Aún siendo el componente menos estructurador de la arquitectura de decisión, la herramienta de ayuda a la decisión es la «parte visible del iceberg» para el usuario. Es uno de los elementos que hará que se apropie o rechace el sistema de decisión. No es el único factor déterminante: una interfaz ergonómica de ayuda à la decisión para datos incoherentes, mal documentados o incompletos es también un elemento de fracaso. La apropiación de la herramienta por los usuarios es sin embargo un prerrequisito.

En este capítulo estudiaremos un punto clave sobre el que han evolucionado las herramientas estos últimos tiempos: el hecho de permitir la coexistencia de las problemáticas del análisis, en particular multidimensional, y del infocentro.

En un infocentro, el usuario define sus consultas por sí mismo, las visualiza en forma tabular y les da formato. En el ámbito del análisis, más bien navegará de manera interactiva en datos estructurados. Ciertos editores utilizan para describir este proceso el término de **data surfing**. Algunos entornos empiezan a unir estos dos mundos, a fin de permitir, alrededor de una misma base de datos, responder a un máximo de necesidades de la decisión.

Data Surfing: posibilidad ofrecida al usuario de navegar de manera ergonómica e intuitiva en un modelo multidimensional.

Observaremos luego cuáles son las cualidades necesarias para una herramienta de ayuda a la decisión. Nos centraremos en las herramientas cuya utilización es más fácil, en las herramientas de infocentro, también de análisis multidimensional, destinadas al gran público.

ANALIZAR LOS DATOS

La coexistencia de sistemas multidimensionales y sistemas infocentro es una evolución importante. Antes, había una especie de ruptura entre estos dos tipos de herramientas. Los editores no se conocían y vendían cada uno su solución como la ideal. Esta lucha era relativamente estéril, especialmente para los usuarios obligados a elegir una herramienta muy estructuradora.

Dos mundos distintos : multidimensional/relacional

Las herramientas OLAP

El principio de las herramientas OLAP (*On Line Analytical Processing*) es tener una información preempaquetada y muy fuertemente estructurada. Pueden estudiarse entonces los indicadores de gestión o de actividad (cifra de negocio) respecto a ejes de análisis (por ejemplo, el tiempo, los productos). Una de las particularidades de las herramientas OLAP es que previamente se agrega todo sistemáticamente, de manera que el usuario tenga tiempos de respuesta muy bajos. Para ello, la estructura de almacenamiento se representa a menudo en forma de cubo o de pirámide. Esta última representación es la que utilizaremos.

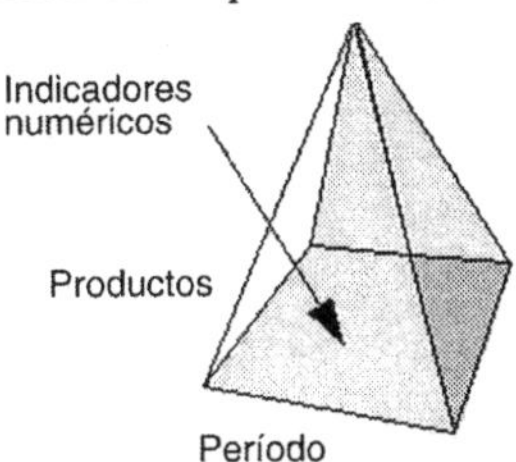

Figura 8.1 Estructura multidimensional piramidal.

Para estructurar esta información, jerarquizarla y optimizarla, estas herramientas se basan en estructuras de almacenamiento propietarias y, por tanto, específicas. Bajo la bandera de OLAP Council, los editores se han aliado para normalizar las estructuras multidimensionales, pero muchos observadores piensan que detrás de este nombre se ocultan más objetivos de márketing que de verdadera estandarización. A la espera de los resultados de este trabajo de normalización, cada herramienta OLAP tiene su propio modelo multidimensional, relativamente poco abierto.

La fuerza de estas herramientas reside en las funciones de navegación en los datos. Se habla entonces de *drill down*, zoom sobre los datos, y de *slice and dice* cambio de los ejes de análisis. Estas funcionalidades permiten conducir razonamientos de manera interactiva. Por ejemplo, el usuario puede analizar sus ventas del año, bajar al mes (*drill down*) antes de cambiar de eje de búsqueda para analizar sus ventas mensuales respecto a las diferentes marcas de productos (*slice and dice*) observando la cifra de negocio y examinando luego los márgenes derivados. Estos cambios de análisis progresivos del razonamiento se hacen de manera intuitiva y ergonómica con el mouse, mecanismos de *drag'n drop* (arrastrar y soltar) sobre la interfaz gráfica. El usuario puede pasar así de un análisis a otro en bucle total sin tener que definir cada vez nuevas consultas.

Estos cambios de análisis siguiendo el razonamiento se hacen de manera intuitiva, sin tener que definir cada vez nuevas consultas.

Estas herramientas presentan, sin embargo, un cierto número de problemas. Hemos citado ya su aproximación propietaria debido a que cada herramienta tiene su propio modelo de almacenamiento. El segundo problema es que el volumen de datos alcanza rápidamente un tamaño importante. Para autorizar una interactividad total, estas herramientas preempaquetan y precalculan las informaciones en todas las intersecciones de la estructura multidimensional. Esto genera grandes volúmenes de datos. Esta masa aumenta de manera exponencial con el número de usuarios afectados. En efecto, los puntos de vista sobre la información se multiplican, deben crearse nuevos ejes de análisis para responder a las diferentes peticiones y, por tanto, a nuevos datos calculados y agregados. Estas herramientas gestionan hoy mal volúmenes de datos de más de 10 gigabytes y el volumen necesario para el almacenamiento puede multiplicar por un factor 100, o incluso 1000, el de los datos de base. Sin embargo, aparecen anuncios espectaculares sobre el tema. Mientras tanto, para paliar el problema del volumen, siempre es posible descomponer el análisis y gestionar varias pequeñas pirámides en lugar de una enorme. La integración entre estas pirámides será sin embargo muy baja.

Otro problema: toda necesidad del usuario debe modelarse previamente. La ergonomía excepcional de estas herramientas sólo sirve en un marco de análisis bien definido. El usuario tiene un margen extremadamente bajo, casi nulo, para hacer evolucionar el modelo. Cuanto más importante es el volumen almacenado en la base, más difícil será la reestructuración de ésta en función de nuevas necesidades.

Indicador: información que permite medir el rendimiento de tal o cual actividad de la empresa (ventas, gestión de stocks...). Normalmente, esta información es numérica (ej.: cifra de negocio, cantidad en stock...).

Estas herramientas son perfectas para todo lo que es razonamiento de decisión. Se utilizan para presentar de manera muy sintética informaciones importantes para la ayuda a la decisión, para hacer tablas de diseño. Por ejemplo, permitirán seguir indicadores y ofrecen habitualmente nociones de alerta que permiten devolver la información únicamente cuando un **indicador** está por encima o por debajo de un cierto umbral.

Las herramientas de interrogación relacional

Estas herramientas rivalizan con las bases OLAP. Su principio es trabajar sobre conjuntos de datos, tablas según una lógica relacional, aplicar uniones, selecciones y proyecciones para encontrar la información. Por ejemplo, la estructura relacional descrita en el esquema siguiente permitirá mostrar, en forma de una tabla de dos dimensiones, la lista de clientes y los artículos que han pedido.

Figura 8.2
Estructura relacional.

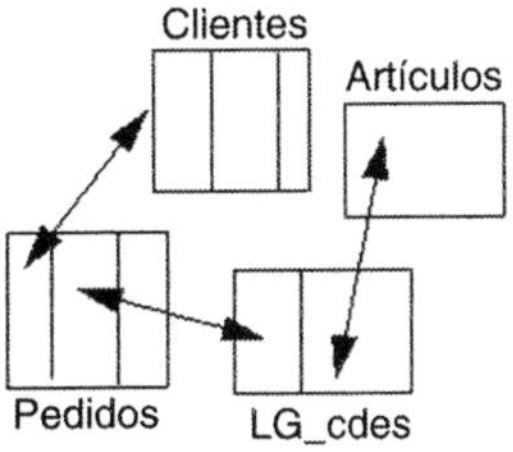

La herramienta genera SQL y es independiente del servidor de datos relacional. Otro punto primordial: todos los datos almacenados en la base pueden relacionarse. Se pueden correlacionar así mucho más fácilmente informaciones que pueden tener un sentido en un contexto particular. Por ejemplo, es posible recuperar el margen efectuado sobre los productos pedidos por un cliente sin que el indicador margen y sus ejes de análisis estén necesariamente definidos. Sin embargo, es necesario definir una nueva consulta en cada etapa del análisis.

Una debilidad de la aproximación es que se basa totalmente en SQL. Pero aunque se haya definido en su origen para ofrecer ayuda a la decisión, este lenguaje tiene muchas limitaciones en el ámbito del análisis de datos. Así, las consultas de comparación, muy utilizadas en la decisión, son difíciles de formular. Algunas no se pueden formular en absoluto; es el caso de la clasificación: por ejemplo, el SQL no sabe recuperar los cinco mejores clientes de una empresa. Otras son formulables, pero a condición de ser un experto en SQL.

Este tipo de herramienta es ideal para escrutar los datos, interrogarlos según ángulos imprevisibles. Ofrece un excelente nivel de autonomía a los usuarios y puede ser incluso una herramienta de creación de prototipos interesante, por ejemplo para identificar indicadores. Permite también reaccionar ante un evento, verificar una intuición.

Coexistencia multidimensional/relacional

Actualmente, todos los editores intentan hacer que el análisis multidimensional y la interrogación relacional sean capaces de convivir. El Data Warehouse, infraestructura de decisión de empresa, hace indispensable esta convivencia. Existen varias maneras de abordar el problema. La solución adoptada depende del editor y de su origen. Así, los editores que tienen un pasado anclado en el infocentro integrarán la aproximación multidimensional en sus herramientas, mientras que quienes tienen más experiencia en el ámbito multidimensional intentarán mejorar su convivencia con las bases relacionales.

Vamos a describir los cinco escenarios existentes empezando por las herramientas provenientes del mundo multidimensional, antes de presentar las que vienen del mundo relacional.

A fin de facilitar la comprensión de los gráficos, el color gris indica un almacenamiento físico, el color blanco identifica las descripciones a nivel lógico, sin almacenamiento físico, las partes rayadas muestran los tipos de presentaciones visibles en el puesto del usuario.

El primer escenario lo proponen los editores de bases de datos multidimensionales.

Aquí, la herramienta multidimensional utiliza los servidores de datos relacionales para almacenar la información conservando su riqueza funcional multidimensional. La herramienta se beneficia de la capacidad de los SGBD del mercado para almacenar y fiabilizar la información. También se pueden utilizar herramientas de terceros para la administración (copia de seguridad, seguimiento). Por el contrario, la estructura es propietaria y la arquitectura, monolítica. El modelo de datos es poco comprensible y será muy difícilmente interrogable a partir de otra herramienta. De la misma manera que las herramientas OLAP, este tipo de herramienta cubre esencialmente el análisis multidimensional.

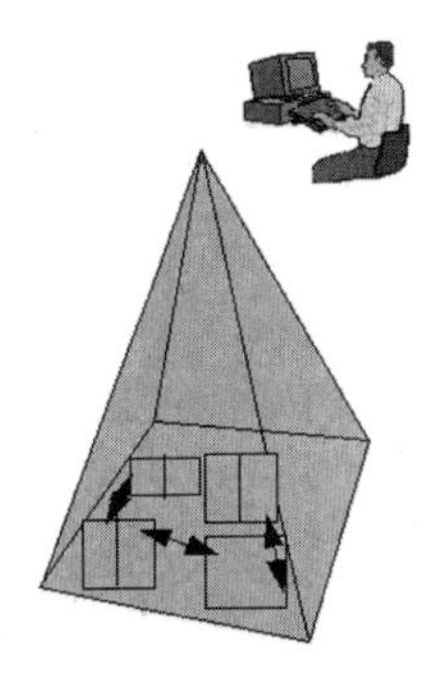

Figura 8.3
OLAP en el centro de la oferta.

Este escenario presenta un mínimo de coexistencia entre relacional y multidimensional. Hoy, la mayoría de editores de herramientas multidimensionales proponen escenarios más sofisticados.

El segundo escenario consiste en almacenar los datos bajo dos formas, una relacional y otra multidimensional, facilitando su convivencia y su integración.

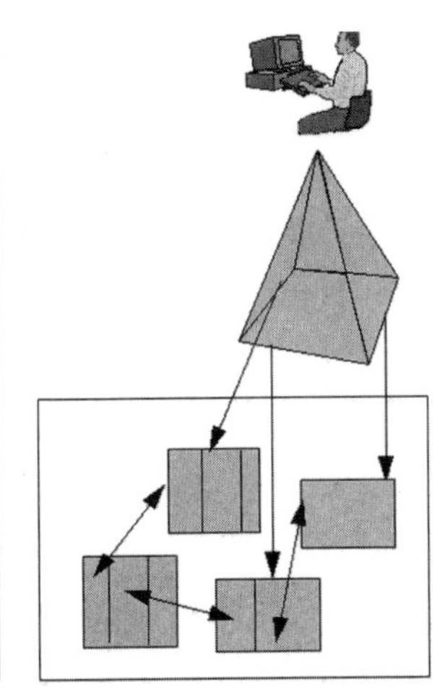

Figura 8.4
Almacenamiento multidimensional y relacional.

A fin de no saturar la base multidimensional, los datos detallados se almacenan en un servidor de datos relacional. La herramienta puede automáticamente, cuando se alcanza el nivel más bajo de la pirámide gestionada por la estructura multidimensional, generar una consulta SQL a fin de acceder al SGBD relacional. Este mecanismo se llama *drill through*.

La ventaja de esta arquitectura es controlar el tamaño de la base de datos multidimensional. Utilizada exclusivamente para los agregados, conserva un tamaño razonable permitiendo responder a los dos tipos de necesidades de decisión. Es posible utilizar otras herramientas para efectuar consultas sobre las bases relacionales de manera autónoma. Sin embargo, según las necesidades de los usuarios (análisis o consultas *ad hoc*), se necesitan herramientas diferentes. Grandes editores de bases de datos multidimensionales han elegido esta aproximación, como Oracle con la base *OLAP Express Server* y la base relacional *Oracle 7*, o bien Arbor Software, editor de la base multidimensional *Essbase*.

En el escenario siguiente, el infocentro está en el centro de la oferta. La idea es utilizar una herramienta de infocentro para interrogar datos relacionales y luego representar la información así recuperada en forma multidimensional.

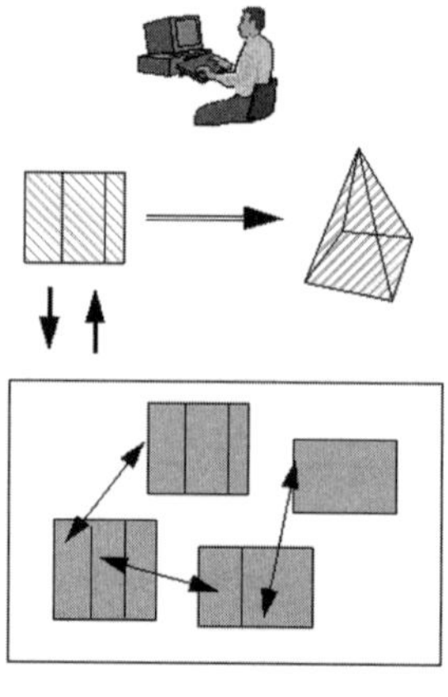

Figura 8.5
Infocentro en el centro de la oferta.

Este tipo de solución es propuesto ante todo por editores de herramientas de infocentro. Aquí lo multidimensional es visto como una valoración posible de los resultados de una consulta. La estructura manipulada por la herramienta es, sin embargo, una simple tabla de dos dimensiones, resultado de una consulta SQL. Para efectuar este formateado, la herramienta debe tener una gran potencia de tratamiento a fin de reorganizar los datos localmente.

Estas herramientas son simples de controlar y sólo necesitan una base de datos. Hay, sin embargo, numerosos inconvenientes, empezando por la relativa debilidad del rendimiento. En efecto, la representación multidimensional permite visualizar en general un gran volumen de información. Es necesario recuperar en el puesto local un número muy importante de registros. El segundo inconveniente es que la herramienta está normalmente limitada funcionalmente y no permite ir más allá de la simple presentación de datos en forma de una tabla de doble entrada. Típicamente, este mecanismo se propone en hojas de cálculo de ordenadores de sobremesa.

Las herramientas relacionales de ayuda a la decisión del mercado van hoy mucho más lejos, como lo muestra el escenario siguiente, propuesto por entornos de ayuda a la decisión que reúnen dos tipos de herramientas, uno centrado en un modelo relacional y el otro en un modelo multidimensional.

Figura 8.6
Entorno de ayuda a la decisión.

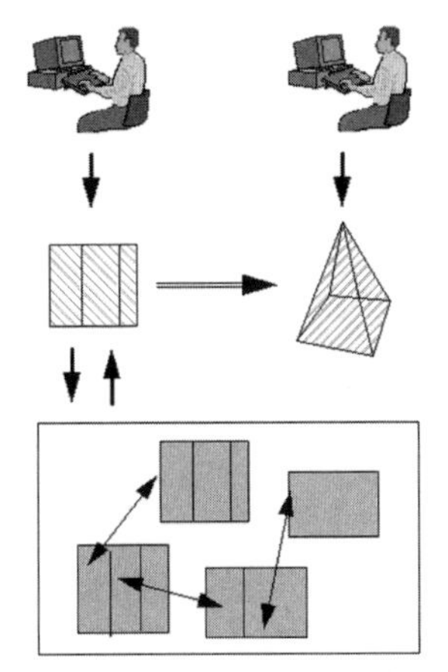

Para estas dos necesidades se utilizan dos herramientas: una herramienta de análisis multidimensional y una herramienta de infocentro relacional. Las dos herramientas pueden utilizarse independientemente una de otra, pero la transferencia de resultados de una hacia la otra es fácil. En particular, resulta simple pasar de la herramienta de consulta, que permite al usuario formular sus consultas *ad hoc*, a la herramienta OLAP para facilitar el análisis de los resultados.

Esta solución cubre todas las necesidades de ayuda a la decisión y puede adaptarse a tres tipos de usuarios: quienes sólo utilizarán la herramienta de consultas, quienes sólo utilizarán la herramienta de análisis multidimensional y quienes buscarán la información en forma relacional a fin de ponerla y analizarla en forma multidimensional.

La ventaja es que ambas necesidades (análisis y consultas *ad hoc*) quedan bien cubiertas por herramientas especializadas.

Primer inconveniente: es díficil implementar el puente. Para alimentar la herramienta multidimensional, hay que recuperar un volumen de datos a menudo importante de la base relacional. Segundo inconveniente: este sistema implica una redundancia. En general, el almacenamiento físico de los datos multidimensionales se efectúa en el puesto de trabajo. La administración presentará pues problemas. Señalemos especialmente que el refresco automático de estos datos es de implementación compleja, porque esta estructura multidimensional local es difícilmente controlable por el equipo informático de explotación.

Este escenario dispone de otra característica importante, que puede ser una ventaja o un inconveniente según los contextos. Con esta solución, definir el modelo de análisis, así como los indicadores y sus dimensiones de análisis, queda a cargo del usuario, quien valora los datos puestos a disposición por la herramienta de consultas a través de la herramienta de análisis. Ésta le concede un alto grado de autonomía. Sin embargo, si este modelo debe ser compartido por varios usuarios, su difusión será difícil de automatizar y generará redundancias difíciles de controlar.

Andyne y Cognos proponen este tipo de soluciones con *GQL* e *Impromptu*, respectivamente, para las consultas *ad hoc,* y Pablo, de Powerplay, para el análisis.

ROLAP Relational On Line Analytical Processing: caracteriza la arquitectura necesaria para la implementación de un sistema multidimensional basado en las tecnologías relacionales.

El escenario **ROLAP** (*Relational OLAP*) es el más reciente en el mercado. La información se almacena en una base de datos relacional y un diccionario permite mostrar esta información como si fuera multidimensional. La función de la administración es dar al usuario un punto de vista multidimensional en una base relacional (véase esquema en la página siguiente).

La primera ventaja de esta solución es que la estructura de almacenamiento es única (el SGBD/R) y la ergonomía será similar a la propuesta por los SGBD multidimensionales. Estamos cerca, a nivel funcional, de los dos primeros escenarios, pero sin tener que alimentar varios motores de bases de datos. Otra ventaja importante: la gestión de diccionarios se federa bajo el control de la informática y se comparte entre todos los usuarios.

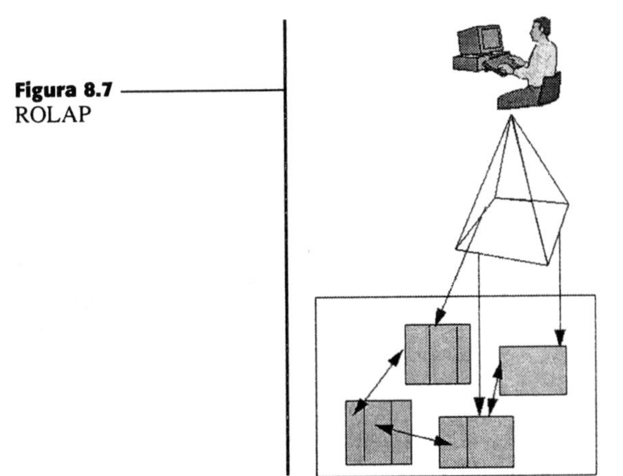

Figura 8.7
ROLAP

Sin embargo, el modelo debe estar optimizado para permitir análisis multidimensionales. Ciertas herramientas necesitan construir modelos en estrella (*cf.* capítulo sobre el modelado); otros son más neutros, pero serán más lentos si el modelo de datos no está adaptado al análisis multidimensional.

Entre los editores que proponen este tipo de soluciones, citemos a Informix con el producto *METACube*, Platinum con *Info Beacon*, Microstrategy con la gama *DSS* e *Information Advantage*. Estas herramientas son utilizadas a menudo por empresas que desean poner a disposición de un gran número de usuarios grandes volúmenes de datos, en ocasiones varios terabytes, privilegiando el aspecto de análisis multidimensional. Aunque recientes, ya que se popularizaron a mediados de los años 1990, estas soluciones disponen de buenas referencias, como en el ámbito de la gran distribución.

Business Objects, desde la versión 4 de su producto, se posiciona también en este terreno, con la particularidad de constituir «microcubos», estructura multidimensional específica de cada análisis y transparente para el usuario. Son necesarios para proponer rendimientos convenientes, aunque la base de datos no haya sido diseñada específicamente sobre modelos de tipo estrella o copo.

Es importante comprender que la elección de la herramienta depende de las necesidades. Su análisis orientará hacia tal o cual estrategia. Veamos algunos ejemplos de opciones tecnológicas motivadas por necesidades funcionales.

◆ El análisis de las necesidades demuestra que la capacidad de efectuar análisis sofisticados es primordial. Para conseguirlo, los tiempos de respuesta deben ser inmediatos y las funcionalidades, especialmente en términos de simulación o de previsión, deben ser evolucionadas. Se necesitan también consultas *ad hoc*, pero la demanda de los usuarios a este nivel parece marginal. La aplicación va destinada a un departamento y puede implementarse en forma de un Data Mart, ya sea autónomo o un subconjunto de un sistema de decisión más global. De hecho, los volúmenes de datos y el número de usuarios afectados son relativamente limitados. En este caso, las bases multidimensionales dedicadas responderán bien a la necesidad y podrán utilizarse eventualmente enlazadas con el Data Warehouse por mecanismos de *drill through.* Las soluciones de tipo *Relational OLAP* también pueden servir. Se consideran un poco más pesadas de implementar pero se adaptan mejor a grandes volúmenes de datos; en efecto, permiten sacar partido de las funcionalidades de gama alta de los SGBDR, especialmente en máquinas paralelas.

◆ Se pueden identificar varios perfiles de usuario. Los primeros serán muy amantes del análisis, en un contexto bien definido, los segundos desearán una gran autonomía en la definición de las consultas y los últimos principalmente querrán tener acceso a tablas de resultados bien definidas. En este caso, deben elegirse las herramientas mejor adaptadas a cada una de las necesidades, pero es primordial que se comuniquen bien entre sí, a fin de permitir trabajar en un contexto de equipo. Según las necesidades en términos de análisis, habrá que determinar si es necesaria una solución de gama alta, de tipo SGBD multidimensional o herramienta ROLAP, o si es posible limitarse a una herramienta más simple, funcionando en un ordenador personal.

◆ Las necesidades son más difíciles de segmentar. Un usuario se verá tentado tanto por funcionalidades de análisis multidimensional como por la posibilidad de efectuar consultas *ad hoc*, y deseará, en un mismo entorno integrado, tener acceso a toda la panoplia de funcionalidades accesibles para la decisión. En este caso se necesitará una herramienta homogénea, basada en una base de datos única, aunque sea algo más limitada que las herramientas especializadas en tal o cual funcionalidad.

CUALIDADES DE UNA HERRAMIENTA DE AYUDA A LA DECISIÓN

Vamos a describir ahora en detalle las cualidades indispensables de una herramienta de ayuda a la decisión en los ámbitos del acceso a los datos, la valoración y la difusión de la información, la adaptación a los diferentes perfiles de usuario y el control del sistema de decisión.

Acceder a los datos

Una consulta muy simple para el usuario puede ser muy compleja de expresar en SQL, como muestra el ejemplo siguiente.

Lo que se enuncia claramente en lenguaje de usuario

«Número de tarjetas de 10 viajes vendidas por línea de metro y por mes en 1993»

es complejo y poco seguro en SQL:

```
SELECT LinMetro.Numlinea,
        Month(VMetro.Mfecha),
        sum(VMetro.Mcant)
FROM LinMetro,VMetro, Tarj
WHERE Lin_Metro.Lcodestación=VMetro.Mcodestación
AND  Tarj.TcódidgoMetro=VMetro.Mcodigotarj
AND  Tarj.Tetiqueta = 'Tarjeta 10 viajes 1-3'
AND  Year (VMetro.MDATE) = 1993
GROUP BY Linmetro.Numlines, Month (VMetro.Mfecha)
ORDER BY sum(VMetro.Mcant)
```

Queda claro que la herramienta de ayuda a la decisión debe dar la posibilidad al usuario de definir su petición bajo una forma más familiar que el SQL. Debe proporcionar una interfaz de consulta sofisticada que oculte la complejidad del lenguaje. El usuario no tiene que saber ni el nombre de las tablas, ni el número de columnas, ni la manera de efectuar uniones entre estas tablas. La ilustración siguiente se ha realizado con la herramienta *GQL* de Andyne.

Figura 8.8
Interfaz de consultas sofisticada.

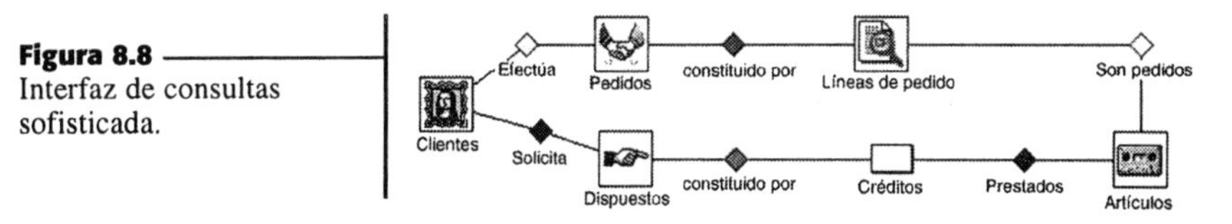

Catálogo: en ciertas herramientas cliente del Data Warehouse, estructura que permite al usuario trabajar sobre una vista lógica y orientada al negocio de los datos que desea visualizar.

La base se presenta al usuario bajo la forma de un modelo de datos, con las asociaciones entre las entidades representadas y comentadas. El esquema físico se enriquece con informaciones que no están almacenadas, como los agregados o los campos calculados.

La herramienta debe ser capaz de adaptar los datos al contexto del usuario. Esta idea de visión de negocio es utilizada por muchos editores de herramientas de ayuda a la decisión. Proponen la constitución de un **catálogo** que permita acceder a los datos por tema, por el conocimiento del negocio.

El catálogo es definido por un administrador y contendrá datos significativos para el usuario respecto a su negocio: informaciones sobre el cliente, sobre el pedido y sobre los indicadores que podrá utilizar. Este tipo de herramienta permite personalizar el modelo según el tipo de usuario.

Es peligroso dejar al usuario una total autonomía. El catálogo es un elemento indispensable en un sistema de decisión, que permite evitar la definición de consultas falsas o costosas como un producto cartesiano debido al olvido de una unión.

Sin embargo, hay que estar atento, ya que el hecho de poder ocultar las estructuras físicas al usuario no significa que la definición de estas últimas no tenga importancia. Tener un catálogo permite al usuario definir consultas muy complejas. Hay que definir este modelo físico de modo que las consultas habituales para el usuario no relacionen un número demasiado importante de tablas.

Desde hace unos años, los editores como Business Objects, Software AG, Andyne, Cognos y Microstrategy proporcionan este catálogo. Hoy, todos los demás actores del mundo del infocentro implementan esta noción.

Valorar los datos

Los primeros esfuerzos de evolución de las herramientas de ayuda a la decisión se han centrado en el acceso a los datos. Los editores han trabajado luego sobre el formato de la información. Hoy, los fabricantes disponen editores de estados que permiten mostrar la información en forma matricial, crear informes textuales o gráficos. No se trata aún de una visualización muy avanzada con, por ejemplo, árboles de decisión. Sin embargo, es preciso que la herramienta sea potente en términos de cálculo local. No basta con que lance una consulta SQL y presente vagamente los resultados en forma tabular. Es necesario que efectúe ordenaciones, añada selecciones, realice totales acumulados, etc. Estas funcionalidades pueden significar la diferencia entre las herramientas del mercado y son muy solicitadas por los usuarios.

Más allá de estas funcionalidades de base, la herramienta debe ser capaz de abrirse a las herramientas ofimáticas. Algunos editores, como Arbor Software, editor del SGBD multidimensional *Essbase,* y Business Objects, han constituido entornos específicos para ser utilizados bajo Excel. Por ejemplo, la herramienta *Business Query* para Excel permite trabajar en esta hoja de cálculo y formular consultas utilizando el catálogo de la herramienta Business Objects. Así, el usuario emplea una herramienta que domina para acceder fácilmente a los datos del Data Warehouse.

OLE *Object Linking and Embedding* «Enlace y vinculación de objetos»: protocolo de Microsoft que permite la creación de documentos compuestos, es decir, constituidos por un conjunto de subdocumentos gestionados por aplicaciones heterogéneas. Esta comunicación entre aplicaciones puede ser también programada mediante llamadas de servicios (OLE Automation).

Es importante que la herramienta sea capaz de abrirse, de transmitir datos y ofrecer funcionalidades de difusión de los resultados. Lo ideal es entonces poder difundir los resultados no en una forma fija, sino en la forma del análisis que ha permitido obtenerlos, teniendo el destinatario la posibilidad de recuperar ciertos puntos.

La capacidad de la herramienta para abrirse a otras soluciones de valoración de datos implica también integrar estándares de comunicación como DDE, **OLE** u Opendoc, o adaptarse a Internet. Finalmente, las posibilidades de integración con herramientas de tipo Data Mining evitan a los usuarios tener que conocer tantas interfaces de acceso a los datos como herramientas utilizadas para tomar decisiones.

Adaptarse a varios tipos de utilización

Permitir varios tipos de utilización no significa necesariamente varios tipos de usuario. Según los casos, un mismo usuario puede encontrarse en situaciones que le lleven a encontrarse ante diferentes perfiles de utilización:

◆ El modo de pulsar botón. El usuario edita informes fijos. Incluso la pulsación del botón es automatizable y el sistema puede lanzar automáticamente este tipo de consultas y presentar los resultados al usuario, cada mañana por ejemplo.

- El modo asistido. El usuario define siempre más o menos las mismas consultas. El ámbito es fijo pero el usuario tiene un potencial de autonomía para definir ciertos parámetros.
- El modo autónomo. La necesidad del usuario no está predefinida. En un momento dado, necesita tal o cual información y define una consulta *ad hoc* para obtenerla.
- El modo avanzado. El usuario avanzado exige tal o cual funcionalidad avanzada. Se trata por ejemplo de quienes saben desarrollar pequeñas aplicaciones a través de lenguajes de macros.

Existen también dos tipos de necesidades. En la decisión, el modelo que se encuentra más frecuentemente es el modelo *pull*. Cuando el usuario necesita informaciones, expresa su petición formulando una consulta o pulsando un botón. Va a buscar la información cuando lo desea. Empieza a extenderse un segundo modelo, el modelo *push*. El usuario desea ser informado cuando ocurran eventos, por ejemplo cuando su cifra de negocio esté un 20% por encima o por debajo de un umbral predefinido. Este modelo es implementado por lo que se suelen llamar los agentes inteligentes. Son programas que escrutan la información y devuelven sólo aquella que parece ser pertinente, es decir, excepcional. Este modelo está apareciendo en las herramientas del mercado, aunque se necesitan más progresos para que estos pequeños programas puedan ser calificados verdaderamente de inteligentes.

Permitir el control

Como toda aplicación informática, un Data Warehouse debe poder ser controlable. Más que en cualquier otra aplicación, implementar este control es fundamental, porque el usuario dispone de un buen nivel de autonomía. Sin embargo, no debe tener todos los derechos, como alterar los datos de la base, monopolizar los datos del servidor o visualizar cualquier información confidencial.

Controlar el consumo de recursos puede ser una funcionalidad del SGBD. Por ejemplo, CA-OpenIngres y Oracle permiten asociar a un usuario la capacidad de lanzar consultas que duren menos de un cierto tiempo. Más allà, se prohíbe la ejecución de la consulta.

Si este control no se hace desde el SGBD, puede hacerse desde el *middleware*. Por ejemplo, *EDA/SQL* de Information Builder posee esta funcionalidad. Finalmente, como último recurso, puede ser hecho por la herramienta. Pero ésta difícilmente sabrá cuanto tiempo tardará en ejecutarse la consulta, porque se limita a enviarla al SGBD. Si la herramienta ya ha ejecutado la consulta, puede tener memorizado su tiempo de ejecución e impedirla si se considera demasiado larga. La segunda posibilidad, menos interesante, es lanzar la consulta sobre el SGBD, esperar un lapso de tiempo y, una vez transcurrido, interrumpir la consulta. Est también deseable proponer limitaciones en términos de volumen de datos recuperados.

La herramienta debe permitir también planificar la ejecución de consultas y lanzarlas en *batch*. Si la consulta dura demasiado tiempo como para ejecutarse en línea, puede lanzarse en períodos de baja actividad, como de noche. Las funcionalidades relacionadas con los *batch* que proponen las herramientas son, sin embargo, aún perfectibles. Por ejemplo, la prohibición de lanzar procesos *batch* fuera de las horas bajas está disponible únicamente a nivel de los servidores. Además del *batch*, son indispensables las funcionalidades de planificación, que permiten sistematizar el lanzamiento de una consulta.

Las funcionalidades relacionadas con la seguridad son gestionadas por el SGBD. Puede ser interesante disponer de capacidades complementarias, por ejemplo para impedir a un usuario definir consultas de manera autónoma, permitirle lanzar sólo informes predefinidos, impedirle que guarde los resultados en local o que los transmita a una hoja de cálculo.

EL MERCADO DE HERRAMIENTAS DE AYUDA A LA DECISIÓN

Por razones históricas, el mercado de la decisión está aún muy segmentado.

Hace unos diez años, la ayuda a la decisión era cosa de unos pocos y raros especialistas, entre los que se puede citar Information Builders, SAS y Thomson Software. Entre los actores principales se contaban también IBM y Bull.

Luego llegó el cliente/servidor, con sus herramientas simples, gráficas, independientes de toda base de datos, para efectuar consultas. Editores como Andyne, Business Objects, Cognos o, más recientemente, Microstrategy o Information Advantage identificaron rápidamente esta oportunidad mucho antes que los grandes editores de bases de datos o de herramientas para PC. Esto les permitió instalarse confortablemente en un mercado del que será difícil desalojarlos.

Paralelamente, el mercado de las bases multidimensionales era un mundo un poco aparte, con algunos editores importantes como Comshare, IRI Software, Pilot Software y, más recientemente, Arbor Software.

Cuando el concepto *Data Warehouse* se popularizó, fue necesario que cada uno de estos editores proporcionara soluciones adaptadas a los nuevos y ambiciosos proyectos de las empresas. Además, el mercado de la ayuda a la decisión ha explotado lógicamente con gran energía, de ahí la voluntad de los grandes actores del mercado del software aún ausentes de incorporarse lo antes posible. Así, por orden cronológico de aparición, actores como Software AG, Oracle, Platinum, Seagate Software y Sybase han desarrollado su oferta de herramienta procediendo normalmente por adquisiciones de tecnología: *Express* para Oracle, *METAcube* para Informix, *Cristal Reports* y *Holos* para Seagate Software o *Info Beacon* y *Forest and Trees* para Platinum. Software AG, por su parte, ha elegido desarrollar *Esperant,* su herramienta de consultas, y trabaja en colaboración con el editor Microstrategy para enriquecer su oferta en el ámbito del análisis multidimensional.

Hoy el mercado se encuentra en este contexto de intensa competición, con algunos editores que muy probablemente tendrán aún algo que añadir: Microsoft con *Access*, Borland con *ReportSmith* o IBM, hasta ahora poco visible. Estos editores no han puesto, en el momento de escribir estas líneas, todas sus fuerzas aún en la batalla.

Para quien conoce el mundo del cliente/servidor, el estado actual no tiene nada de sorprendente. Si la proliferación de ofertas puede parecer inquietante, hay que recordar que precisamente gracias a ella evoluciona la tecnología constantemente, en beneficio de los usuarios.

Es también esta proliferación la que hace posible que una empresa elija la solución mejor adaptada a su contexto y no una solución limitada a un coste prohibitivo derivada de una situación de monopolio.

CONCLUSIÓN

El mercado de las herramientas de ayuda a la decisión es el más inquieto, dentro de todas las tecnologías a implementar en un Data Warehouse. La noción de *Managed Query Environment*, de valoración sofisticada de resultados, de navegación multidimensional en los datos, de procesos *batch*, de agentes inteligentes, son otras tantas nociones que han pasado en el espacio de unos meses del estado de innovación al de funcionalidad indispensable en toda herramienta. La razón es simple: una herramienta de ayuda a la decisión debe permitir formular simplemente consultas o análisis complejos. Su valor añadido proviene principalmente de la materia gris de su creador, más que del número de líneas de código necesarias para materializarla. En esta lógica de innovación perpetua es donde este mercado se desarrollará en el futuro.

El editor Business Objects afirma haber reescrito el 97% del código de su herramienta estrella con ocasión de la salida de su versión 4.

Dos grandes tendencias guían las evoluciones tecnológicas. La primera es el concepto difícilmente traducible de *Any*^{5}, del que ya hemos hablado. Su objetivo es permitir a cualquier usuario, en cualquier momento y lugar, acceder a cualquier información, en cualquier forma. La segunda es lo que algunos empiezan a llamar el diluvio de información en el que hay que basarse para la toma de decisiones.

Implementar el concepto de *Any*^{5} en un contexto de decisión exige el control de la difusión de la información. Viene a la mente rápidamente Internet y su uso interno en la empresa, la intranet. Internet no es más que un medio, en suma relativamente simple, y muchos editores han sabido presentar rápidamente sus soluciones compatibles con sus estándares, especialmente el *World Wide Web*, a precios equivalentes o menores que los de su versión PC. Pero el principal desafío no está en la tecnología, sino en la capacidad de no abrir la puerta de todo a todos. El problema de la seguridad, citado a menudo cuando se habla de Internet, es aquí crucial, más en un sentido lógico que puramente tecnológico. La dificultad es asociar una misma información a puntos diferentes según su nivel de agregación. Una masa salarial global, por ejemplo, es evidentemente menos confidencial que un salario individual, y su difusión no controlada presenta tantos problemas en el seno de la empresa como fuera de ella. Y al revés, otros indicadores pueden ser más confidenciales cuando están agregados. Por ejemplo, en el sector de la gran distribución, el usuario puede tener derecho a ver el detalle de las ventas del día a día, pero no la cifra de negocio global de una marca o de un sector, por ser esta información estratégica para la empresa.

Implementar el concepto *Any*[5], es también permitir a los usuarios trabajar en un contexto de equipo, compartir su análisis y, por tanto, integrar los conceptos del *groupware*, en lo que los editores se esfuerzan progresivamente, especialmente mediante las mensajerías o Internet. Finalmente, para permitir el acceso a cualquier información, es indispensable que tanto las bases de datos como las herramientas de ayuda a la decisión sean capaces de acceder a datos como textos largos, textos con formato, imágenes, etc. Esta preocupación es evidente entre los grandes editores de bases de datos, como Informix u Oracle, que proponen la integración de las funcionalidades de gestión electrónica de documentos en su motor, o entre editores de herramientas de ayuda a la decisión, como Andyne, que dispone de una tecnología que permite interrogar una base de datos textual.

La gestión del diluvio de datos se convierte también en una preocupación fuerte de la empresa. En términos de tecnología, esto se traduce en la aparición de herramientas sofisticadas, que permiten definir o ayudar al usuario a descubrir modelos o tendencias interesantes en importantes volúmenes de datos, objetivo del Data Mining. La misma tendencia lleva al desarrollo de herramientas avanzadas de visualización de datos, utilizando tecnologías como la realidad virtual o los sistemas de información geográfica. En este punto, el futuro se dibuja muy deprisa y algunos editores disponen ya de soluciones totalmente operativas, aunque se utilicen aún de manera confidencial.

Para terminar, se observa una última tendencia en el mercado: la llegada de soluciones dedicadas, ya sean destinadas a una línea de negocio (como las finanzas) o a un sector (como los bancos o la gran distribución). Muchos editores, como Comshare, Hyperion, Oracle o SAS, se han posicionado en este mercado. Sin embargo, no existen aún programas Data Warehouse integrados y completos, equivalentes a las ofertas del tipo *Baan*, *SAP* u *Oracle Applications* que se encuentran en el transaccional. No es nada evidente que este tipo de soluciones completas e integradas vaya a emerger a corto o medio plazo, dadas las especificidades de muchos proyectos de decisión implementados hasta ahora. Hoy, un programa de decisión puede utilizarse para tal o cual proceso o negocio. Pero habrá que asegurarse de que la solución es suficientemente abierta para integrarse en el sistema de información de decisión de la empresa; si no, su implementación corre el peligro de llevar a la incoherencia del sistema.

Para completar este capítulo, expondremos en el siguiente los conceptos y las técnicas del Data Mining, adaptación de las herramientas provenientes de la inteligencia artificial y la estadística, que tienen aquí un espacio de expresión idílico.

9 El Data Mining

Los depósitos de conocimiento evidenciados por el Data Warehouse deben explorarse a fin de comprender su sentido, revelar relaciones entre datos, deducir sus modelos de comportamiento. Las herramientas de Data Mining ofrecen perspectivas nuevas en términos de extracción de conocimientos.

El término *Data Mining* se emplea a menudo para designar el conjunto de herramientas que permiten al usuario acceder a los datos de la empresa y analizarlos. En nuestro análisis lo restringiremos a las herramientas que tienen por objeto extraer conocimientos a partir de los datos de la empresa, especialmente los datos históricos, descubrir modelos implícitos en los datos. Pueden permitir, por ejemplo a un almacén, extraer perfiles de cliente y de compras tipo y prever así las ventas futuras. Permiten obtener una nueva riqueza de los datos contenidos en el Data Warehouse.

Las tecnologías de Data Mining tienen numerosos ámbitos de aplicación. Citamos aquí algunos ejemplos habituales.

- En el ámbito del análisis de riesgo, las compañías de seguros pueden querer buscar las características de clientes de alto riesgo, y las compañías bancarias, determinar si un crédito puede concederse o no a cierta persona.
- En el ámbito del márketing directo, estas herramientas ofrecen un medio de determinar las características (edad, región, profesión...) de la población a quien dirigirse para un *mailing*. El correo podrá enviarse a la población que ofrezca la mayor probabilidad de respuesta.
- En el ámbito de la gran distribución, es posible determinar perfiles de consumidores, el efecto de períodos de promoción, el contenido de la cesta de la compra.

◆ En todo sector de fuerte competencia, el Data Mining puede ayudar a la empresa a identificar los clientes susceptibles de abandonar la empresa por un competidor.

Las aplicaciones son numerosas también en el ámbito del control de calidad, en el médico, en el de la gestión de stocks.

Estos ejemplos de aplicación sólo cubren una pequeña parte de lo que el Data Mining puede hacer de modo importante.

Las herramientas de ayuda a la decisión, ya sean relacionales u OLAP, dejan la iniciativa al usuario, que elige los elementos que quiere observar o analizar. Por el contrario, en el Data Mining, el sistema toma la iniciativa y descubre por sí mismo las asociaciones entre datos, sin que el usuario tenga que decirle que busque en tal o cual dirección o emitir hipótesis. Entonces es posible anticipar un fenómeno, por ejemplo el comportamiento de un cliente, y detectar, en el pasado, los datos inusuales, excepcionales.

Estas herramientas no van destinadas a los informáticos, a las estadísticas, sino a los usuarios de negocio, que saben aprovechar y dar sentido a las informaciones devueltas por la herramienta. Por tanto, estas herramientas deben ocultar las técnicas de búsqueda y de estadística implementadas, a menudo complejas.

LAS TÉCNICAS

Variable: los datos estudiados en un Data Warehouse por una herramienta de Data Mining se descomponen en filas y en columnas. Cada una de las columnas representa una variable, una propiedad de los elementos considerados.

El término Data Mining agrupa diferentes tipos de herramientas, que no tienen el mismo objeto y no utilizan la misma técnica. Todos permiten estudiar un cierto número de casos (filas de una tabla o de un archivo), cada uno con diversas características, almaceandas en **variables** (también llamadas atributos o columnas). La mayoría de estas herramientas tienen por objeto primordial determinar las relaciones que existen entre estas variables.

El descubrimiento de reglas

Algunas de las herramientas permiten descubrir relaciones entre los datos. Las estadísticas son el medio natural para asociar datos y poner de relieve informaciones inhabituales.

Forecasting: técnica consistente en prever el comportamiento de una variable respecto a sus actitudes pasadas.

Lo ideal es llegar a tener en cuenta el factor tiempo y permitir así la previsión del comportamiento de un elemento dado (se hablará también de **forecasting**).

Las estadísticas permiten aprovechar las relaciones entre datos, su importancia. La fuerza de una relación puede calcularse por el coeficiente de correlación. La búsqueda de correlaciones permite distinguir en qué medida interactúan diferentes elementos. El descubrimiento de la causa de las relaciones entre numerosas variables es bastante complejo. En efecto, si se consideran solamente dos variables, es bastante fácil ver si hay o no correlación entre ellas. Por el contrario, la intervención de terceras variables puede perturbar esta búsqueda. Así, la correlación entre las variables A y B puede explicarse de diversas maneras: es posible que esta relación sea causal de A hacia B o de B hacia A o que una tercera variable intervenga, que la modificación de la variable C engendre a la vez la modificación de A y la modificación de B, en cuyo caso el enlace descubierto entre A y B es facticio. A fin de aprehender correctamente estos resultados, es necesario ante todo que el usuario sepa interpretarlos y que la herramienta ayude, en la medida de lo posible, a ver el sentido de la relación.

Las estadísticas también son limitadas respecto al número de variables a analizar: en grandes bases de datos, el número posible de relaciones entre variables es demasiado importante para que la herramienta pueda probarlas una a una. Es esencial utilizar técnicas de búsqueda inteligente. Las técnicas estadísticas se utilizarán siempre para asegurarse de la fuerza de la relación.

Las herramientas que permiten descubrir reglas partirán de una hipótesis, la probarán a través de consultas y estadísticas y la modificarán en función de los resultados. La idea es construir sistemas que examinen la base de datos, forjen hipótesis y, si se verifican, pasarlas al usuario. Normalmente, las herramientas de Data Mining describirán sus resultados en forma de reglas. Las reglas generadas pueden estar en forma de funciones, en forma de condición, *If ... Then*, o definidas en un lenguaje propio de la inteligencia artificial como el Prolog.

Este mecanismo puede aplicarse por ejemplo a la cesta de la compra. Las reglas descubiertas serán entonces del tipo:

```
Compra de Arroz Y Compra de Vino blanco ==> Compra de Pescado
```

A cada una de estas reglas se asocia un indicador de confianza (*factor confidence*) que indica el poder de predicción de la regla. Así, si el factor asociado a la regla anterior es de 0,72, habrá un 72% de probabilidades de que una persona que compra arroz y vino blanco compre también pescado. Este factor de confianza es igual a la relación:

```
Nb (Arroz+Vino blanco+Pescado)/ Nb (Arroz+Vino blanco)
```

Una regla sólo puede tener valor verdaderamente si se verifica por un número bastante importante de datos. Por ejemplo, si la herramienta detecta la regla:

```
Compra de Magnetoscopio ==> Compra de Horno microondas
```

con un 100% de confianza pero sólo hay 2 personas que han comprado un magnetoscopio, esta regla no puede generalizarse porque no es significativa estadísticamente y puede deberse simplemente al azar.

Estas reglas de asociación pueden aplicarse también en el tiempo. Así, más que descubrir modelos en los datos en un instante *t*, es esencial descubrir modelos en los datos a través del tiempo. Por ejemplo, hacer aparecer una regla del tipo:

```
Compra televisión ==> Compra magnetoscopio dentro de 5 años
```

El *forecasting* consiste en prever el comportamiento de una variable en el tiempo según sus reacciones, sus valores pasados. Es preciso entonces que el historial de valores sea suficientemente consistente para permitir la predicción, de manera segura, de los valores futuros.

A fin de ir más allá del descubrimiento de relaciones, puede ser interesante expresar las relaciones en forma de modelos funcionales que permitan, a partir de un conjunto de valores de entrada, inducir un conjunto de valores de salida.

El descubrimiento de modelos funcionales

Los modelos más habituales para detectar relaciones funcionales entre variables son los métodos de regresión, basados en modelos estadísticos. Las herramientas de Data Mining utilizarán habitualmente algoritmos más sofisticados, como las redes neuronales.

La regresión lineal es la técnica más habitualmente utilizada para formalizar relaciones entre los datos. Consiste en descubrir relaciones entre variables X e Y del tipo:

$Y = aX+b$, donde b y a son dos valores reales

Esta técnica rápida y eficaz es, sin embargo, insuficiente para el análisis de espacios multidimensionales, donde pueden relacionarse más de dos variables. Los errores aumentan de manera exponencial con el número de atributos del juego de datos. Además, esta técnica sólo permite gestionar valores reales y continuos.

Red neuronal: proceso opaco que permite a partir de variables de entrada descubrir el valor de una o más variables distintas. Una red neuronal tiene como característica poder aprender y aprovechar su experiencia para ajustar el modelo encontrado en función, por ejemplo, de la llegada de nuevos elementos.

Las técnicas estadísticas pueden ser inadecuadas cuando el número de factores distintos a gestionar se hace demasiado importante. La **red neuronal,** que simula el sistema nervioso biológico, es más apta para responder a este tipo de necesidades. Una de sus principales características es, como sucede con el cerebro humano, la capacidad de aprender y cambiar su comportamiento en función de nuevas experiencias.

Partiendo de un modelo aleatorio, las redes neuronales permiten descubrir modelos complejos y afinarlos a medida que progresa la exploración de los datos. Gracias a su capacidad de aprendizaje, permiten descubrir relaciones complejas entre variables sin ninguna intervención externa.

El reverso de la medalla es que, capaces de descubrir modelos perfeccionados, las redes neuronales son, sin embargo, muy costosas en términos de potencia de hardware y de tiempo de ejecución. Por otra parte, las redes neuronales son un proceso opaco, normalmente ininteligible para el usuario. Este último da valores de entrada, recupera uno o más valores de salida, pero no sabe cómo se ha tomado la decisión y no puede influir, por tanto, sobre este mecanismo modificando ciertos parámetros o eliminando ciertas variables según el conocimiento que tenga de su negocio. Existen, sin embargo, algoritmos de transformación de este proceso en reglas, permitiendo al usuario comprenderlo mejor.

La clasificación

La clasificación consiste en extraer perfiles de comportamiento (clases). Esta técnica es útil, por ejemplo, en operaciones de *mailing* para llegar a la población adecuada y evitar un número demasiado elevado de fracasos, sin respuesta. De igual modo, este sistema puede utilizarse para ayudar a determinar si puede concederse o no un crédito a una persona estudiando las situaciones ya encontradas con personas del mismo perfil. El objetivo es construir un modelo que permita clasificar cualquier recién llegado. Nos encontramos con un contexto de aprendizaje supervisado donde se proporciona la descripción de clases al sistema. Por ejemplo, la herramienta sabe que voy a querer recuperar las características de clientes que hayan respondido a un *mailing* y de quienes no hayan respondido.

Análisis discriminante : la técnica clásica de discriminación (Fisher) permite determinar gráficamente la línea que separa mejor dos clases de datos.

El método más utilizado consiste en construir árboles de decisión. Las técnicas de **análisis discriminante** se emplean también en ciertas herramientas, pero son más complejas de uso y menos adaptadas a un usuario «de negocio».

La técnica consistente en construir un árbol de decisión (*decision tree*) es una de las más visuales y por tanto de las más elocuentes para el usuario. Permite paliar los problemas relacionados con la utilización del análisis discriminante, cuyos resultados no son siempre fácilmente utilizables por el usuario y pueden necesitar una acción, una iniciativa por su parte y por tanto un cierto conocimiento de los métodos utilizados.

Árbol de decisión: técnica visual que permite dividir datos en grupos basados en los valores de las variables. Ello permite determinar las variables significativas para una variable dada.

El esquema siguiente presenta un ejemplo de **árbol de decisión** que explica la venta de estudios presentando los factores más significativos.

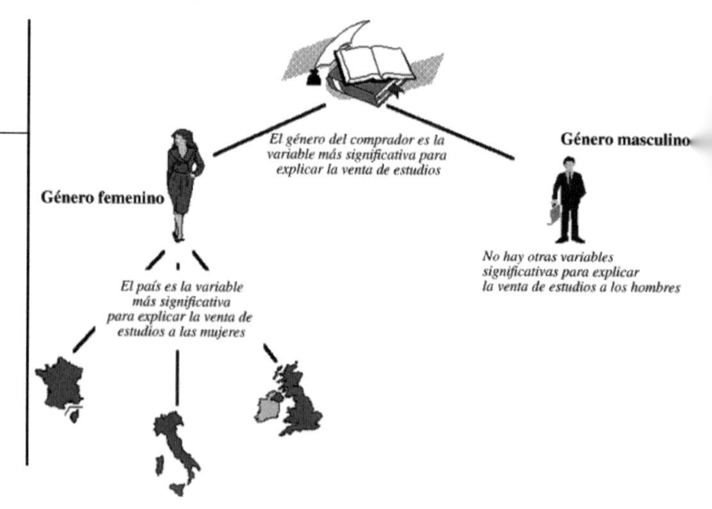

Figura 9.1 Ejemplo de árbol de decisión.

Los árboles de decisión permiten dividir datos en grupos basados sobre los valores de variables. Esta técnica es la más utilizada y suscita el mayor seguimiento, porque es más simple y más rápida que las redes neuronales y da resultados y procesos fácilmente comprensibles por el usuario. Permite determinar las variables significativas para un elemento dado. El mecanismo de base consiste en elegir un atributo como raíz y desarrollar el árbol según las variables más significativas.

Otras aproximaciones

Detección de desviaciones: herramientas que permiten detectar en un conjunto de datos los que presentan desviaciones respecto a normas e indicadores de referencia descritos anteriormente.

Algunos productos proponen aproximaciones diferentes o complementarias a estas aproximaciones clásicas. Se pueden citar por ejemplo la clasificación no supervisada, la **detección de desviaciones** y las herramientas de visualización.

El aprendizaje no supervisado proporciona descripciones a partir de ejemplos no estructurados, de clases desconocidas. Se hablará también de *clustering* o segmentación. Esta técnica consiste en crear varios grupos de individuos (clases) reuniendo los elementos con comportamientos similares y separando los elementos con comportamientos diferentes. De la misma manera que la clasificación, el *clustering* consiste en repartir los elementos en grupos. Pero estos últimos no son constantes y evolucionan progresivamente según las necesidades y las búsquedas efectuadas. La herramienta debe descubrir los perfiles de comportamiento de los individuos comprendidos en un grupo, pero también determinar los diferentes grupos presentes en la base. El uso de los datos se hace sin ideas preconcebidas.

A fin de parametrizar el trabajo de la herramienta, puede ser posible especificar el número de clases a descubrir. Cuanto más pequeño es este número, menos parecidos son los elementos contenidos en las clases, más fácil es su comprensión por el usuario y más significativas serán las variables encontradas. Por el contrario, si el usuario deja que la herramienta construya todas las clases que reconoce, obtendrá informaciones mucho más precisas, que le permitirán hacer, por ejemplo, *mailings* especializados.

La detección de desviaciones consiste en evidenciar subconjuntos de elementos de una clase que tienen un comportamiento distinto del de la propia clase en su globalidad. Algunas herramientas permiten detectar sobre un conjunto de datos los que presentan desviaciones respecto a las normas e indicadores de referencia descritos anteriormente y almacenarlos bajo una forma jerárquica, mostrando subpoblaciones. El hecho de detectar las desviaciones consiste, contrariamente a las técnicas de *clustering*, en identificar los registros que no forman parte de ninguna clase. Esta técnica permitirá a las empresas distinguir los elementos no conformes con el modelo a fin, si es posible y necesario, de remediarlo.

Las herramientas pueden utilizar también técnicas de visualización a fin de permitir al usuario aprehender mejor los resultados. Características difíciles de aprehender recorriendo una serie de nombres o de textos serán más comprensibles a través de una visualización gráfica de los modelos o las relaciones. Estas herramientas dan al usuario una visión concisa y comprensible de relaciones entre variables que le permite explorarlas de manera interactiva. El usuario puede así navegar dinámicamente por los datos. Estas herramientas por sí solas no siempre están adaptadas a la exploración de los datos y a la búsqueda de relaciones. La información extraída por las herramientas de Data Mining se analiza y la más pertinente se presenta al usuario. La herramienta de visualización puede permitir también filtrar los conocimientos adquiridos a fin de presentar a quien decide sólo los más importantes.

Sin embargo, sea cual sea la técnica utilizada y contrariamente a ciertas ideas recibidas, las herramientas de Data Mining no son herramientas milagrosas que den automáticamente al usuario informaciones pertinentes e inesperadas. Se insertan en un proceso complejo que empieza con la preparación de los datos para terminar con la validación y el uso de los resultados obtenidos.

LOS DATOS

Volumen de datos

Para analizar de manera global el conjunto de informaciones contenidas en un Data Warehouse, son indispensables recursos de tiempo y de potencia. Puede ser necesario, entonces, que la herramienta funcione sobre máquinas servidoras de envergadura y saque partido, por ejemplo, de arquitecturas paralelas (SMP, *cluster* o MPP).

Muestra: conjunto de datos sacado, aleatoriamente o no, del Data Warehouse que permite efectuar pruebas e investigaciones sobre volúmenes reducidos.

Para limitar este problema, es posible trabajar por muestreo. Pueden definirse **muestras** representativas agrupando datos similares, utilizando técnicas estadísticas o bien tomando al azar un conjunto de líneas en la base de datos. Sin embargo, hay que observar que el SQL no está adaptado a esta búsqueda aleatoria. Puede ser necesario tener una herramienta complementaria para hacer este muestreo, o bien que la herramienta de Data Mining sea capaz por sí misma de recuperar un cierto número de líneas de manera aleatoria.

La confrontación de informaciones extraídas de diferentes muestras y la prueba de validez de los modelos descubiertos con nuevos datos permiten asegurarse de la validez de los conocimientos extraídos. Hay que observar, sin embargo, que tomar muestras entraña siempre una pérdida de informaciones.

De la misma manera, la utilización de técnicas de agregación puede comportar perturbaciones en el análisis, porque las similitudes a nivel de elementos agregados pueden ocultar grandes diferencias visibles a nivel más detallado.

Por ejemplo, si se estudian las ventas de almacenes y se agrupan estas ventas por poblaciones con fines de análisis, esta agrupación ocultará el hecho de que los pequeños comerciantes venden menos que las grandes superficies. El mismo razonamiento puede aplicarse si se elige agregar las ventas por semanas: la diferencia de las ventas entre el fin de semana y el resto de la semana queda entonces oculta.

Trabajar sobre volúmenes de datos importantes es especialmente interesante para descubrir clases restringidas, nichos de informaciones no detectables a nivel de simples muestras donde el número de elementos contenidos en estas clases no sea demasiado poco significativo como para que la herramienta saque una conclusión y la generalice.

Por ejemplo, si una base contiene 1 millón de registros de los que 5.000 forman parte de una clase particular, en una muestra de 2.000 registros sólo habrá 10 elementos pertenecientes a esta clase, número no suficientemente significativo para que la herramienta lo tenga en cuenta.

Modelado de datos

Una herramienta de Data Mining pretende explorar diferentes variables y obtener modelos, relaciones, explicaciones. Para ello, la información manipulada se presentará normalmente en forma de filas y columnas, representando cada columna una variable y cada fila un registro de la base de datos. El conjunto de los atributos será analizado posteriormente por la herramienta de Data Mining a fin de construir modelos, clasificar los clientes, hacer proyecciones.

Estas variables pueden, por ejemplo, dar las características de los clientes, representando cada fila un cliente, con una variable suplementaria que indica si el cliente ha respondido o no al anterior *mailing*.

Ciertas herramientas, como *AC2* de ISoft, permiten ir más allá de estas estructuras planas y definir un modelo de objeto y jerarquías de características. Por ejemplo, para un archivo de clientes, será posible definir un conjunto de características válidas para todos los hommes y un conjunto de características válidas para todas las mujeres. La recuperación de los diferentes datos en el Data Warehouse se hará programando varias consultas SQL.

Esta necesidad de obtener todas las informaciones necesarias de una sola vez (tabla, vista o consulta) puede complicar cierto tipo de análisis e inducir una transformación de los datos a nivel de la propia base, o bien a nivel de las herramientas. Por ejemplo, para analizar la cesta de la compra, la información de tipo «nota de caja» no puede ser utilizada directamente por las herramientas para relacionar productos, porque en ella no figuran directamente las variables a analizar:

Nota 1	Lechuga	Vino	Queso	Mayonesa	Lechuga
Nota 2	Vino	Vino	Queso		
Nota 3	Lechuga	Vino	Pan	Queso	
Nota 4	Mayonesa				

Para analizar las correlaciones entre las ventas de productos, la información a analizar deberá ser de tipo matricial, presentando la celda el número de productos presentes por nota:

	Vino	**Lechuga**	**Pan**	**Mayonesa**	**Queso**
Nota 1	1	2	0	1	1
Nota 2	2	0	0	0	1
Nota 3	1	1	1	0	1
Nota 4	0	0	0	1	0

La herramienta de Data Mining podrá relacionar así los artículos unos con otros y descubrir, por ejemplo, que los artículos «Vino» y «Queso» parecen ser adquiridos siempre al mismo tiempo.

EL PROCESO DE VALIDACIÓN

Una vez que la herramienta ha descubierto modelos y relaciones en los datos, hay que permitir al usuario probar las hipótesis entrando nuevos juegos de datos y observando en qué medida corresponden a los modelos descubiertos.

También es importante que pueda utilizar fácilmente estos resultados. Éstos deben ser evidentemente inteligibles y, por tanto, lo más gráficos posible. Por otra parte, es necesario que, al entrar un nuevo dato, la herramienta pueda clasificarlo, calcular sus valores de salida y ello de manera interactiva, y que, al entrar una nueva población, la herramienta pueda segmentarla, dividirla en subgrupos.

También también ser interesante generar consultas SQL que permitan extraer directamente informaciones de la base de datos. Por ejemplo, en caso de *mailing*, una vez seleccionada la población destino, la herramienta podrá extraer automáticamente la lista de clientes a contactar.

Una vez optimizado el modelo descubierto, es interesante poder ponerlo a disposición de los otros usuarios. Éstos lo utilizarán para tomar decisiones. Por ejemplo, un empleado de banca puede entrar todas las características de un cliente potencial para saber si puede o no concederle un préstamo.

CONCLUSIÓN

El mercado se descompone hoy en dos grandes clases de herramientas:

- Las herramientas que trabajan sobre pequeños volúmenes de datos. Pueden acceder a datos situados en un servidor, pero efectúan el proceso de descubrimiento en un puesto local. Entonces es necesario trabajar sobre múltiples muestras a fin de asegurarse que los modelos descubiertos son fiables. Predict y SPSS, por ejemplo, forman parte de este tipo de herramientas.

- Las herramientas que trabajan sobre grandes volúmenes de datos. Funcionan directamente en un servidor, incluso en un superordenador, y pueden trabajar sobre todos los datos situados en el Data Warehouse. La necesidad de máquinas potentes lleva a los constructores de máquinas como Silicon Graphics e IBM a proponer una oferta en este mercado.

Herramientas como *Knowledge Seeker* y *Datamind* se sitúan a medio camino entre estas dos clases de herramientas. Se comercializan tanto en versión PC, permitiendo trabajar en local sobre los datos, y en versión servidor más potente, ejecutada bajo Unix o Windows NT.

El Data Mining es un mercado que se desarrolla, aunque está naciendo y está aún muy relacionado con las universidades. Las herramientas eran hasta hace poco propuestas normalmente por laboratorios de investigación más que por empresas realmente comerciales.

Hoy, la poca madurez del mercado hace que las herramientas disponibles no estén todas bien adaptadas a un usuario neófito. Por ejemplo, las redes neuronales se parecen habitualmente a una caja negra y es pues difícil, incluso imposible, comprender cómo ha llegado la herramienta a tal o cual deducción.

Diversos actores empiezan sin embargo a posicionarse en este mercado con una oferta creíble.

Entre las herramientas que permiten construir árboles de ayuda a la decisión, podemos citar *AC2* y *Alice* de Isoft, *Knowledge Seeker* de Angoss y *SPSS Chaid,* módulo complementario a la oferta estadística de SPSS. Estos productos eran de fácil uso y empiezan a interactuar con herramientas de ayuda a la decisión. Es, por ejemplo, el caso de *Knowledge Seeker* y de *Alice.*

En el ámbito del descubrimiento de modelos funcionales y redes neuronales, podemos citar entre las ofertas emergentes las herramientas *Datamind* de Datamind, *Neural Connection* de SPSS y *Predict* de NeuralWare. La herramienta *IDIS* de IDIS Software es una de las herramientas dominantes en el proceso de **descubrimiento de reglas.**

Descubrimiento de reglas: proceso de exploración de una base de datos para descubrir reglas. Utiliza hipótesis, las prueba a través de consultas y de estadísticas, luego las modifica en función de los resultados.

Esta aparición de ofertas creíbles y la necesidad de las empresas de valorar sus datos, de extraer conocimiento de ellos, hacen de las herramientas de Data Mining productos de futuro. Así, el Meta Group estima que el mercado del Data Mining debería ser de 300 millones de dólares en 1997 y de 800 millones de dólares en el año 2000.

Sea cual sea la herramienta, hay que tener presente que, aunque sea muy potente y cada vez más fácil de usar, no puede hacer milagros. No enseñará al usuario todo lo que éste puede saber sobre sus datos pulsando simplemente un botón. El usuario siempre cumple una función fundamental en la manipulación de este tipo de productos. Será necesario transformar los datos, crear muestras, encontrar las variables pertinentes. Pero, ante todo, habrá que indicar a la herramienta la dirección a tomar: por ejemplo, buscar los clientes buenos y malos, el contenido de la cesta de la compra, prever la evolución de la cifra de negocio, etc.

10 Las perspectivas

El mundo del Data Warehouse está en movimiento perpetuo. Su impacto se ha extendido en las empresas muy rápidamente y la oferta se ha desarrollado y estructurado a una velocidad increíble. Las tecnologías pasan del estadio de la innovación a la banalidad en pocos meses. Para demostrarlo, tomemos el ejemplo del producto *METACube*, anunciado por una pequeña empresa innovadora, Stanford Technology, a principios del año 1995, en producción en primavera y adquirida por Informix en octubre del mismo año [HAIS96]. El mercado del Data Warehouse y las *success stories* que utilizan el concepto de manera innovadora en las empresas no han acabado en absoluto. Este capítulo tiene por objetivo presentar las perspectivas tanto en el plano tecnológico como funcional.

LA INDUSTRIALIZACIÓN DEL DATA WAREHOUSE

El Data Warehouse es un concepto joven. Sus evoluciones tecnológicas han afectado hasta ahora principalmente a los componentes indispensables para la constitución del Data Warehouse, como las herramientas de ayuda a la decisión, las bases de datos y las herramientas de alimentación. Está llegando al final de su fase de adolescencia y entrando en una era de industrialización. Tres perspectivas ilustran esta tendencia: la llegada de herramientas de administración, la emergencia de estándares y la aparición de ofertas de programas para la decisión.

La administración de los datos y los sistemas de decisión

Según el Gartner Group, el mercado de la administración del Data Warehouse tendrá un crecimiento anual del 114% hasta 1999.

Progresivamente, las herramientas permiten ganar en productividad en tareas que los equipos informáticos sólo podían implementar hasta ahora de manera personalizada. Esta evolución es particularmente clara en el ámbito de la administración, ya sea administración de datos o del sistema. Como suele ocurrir en la aparición de una nueva tecnología, las necesidades en términos de administración se subestiman o ignoran. Aparecen *a posteriori* cuando, ante un sistema que cuesta de controlar, el equipo afectado descubre los costes inducidos por la insuficiente industrialización de la administración y el uso. Hoy, algunas empresas han pasado ya por este estadio y está eclosionando la demanda de soluciones al respecto. Por esta razón, el mercado de la administración es actualmente, en un contexto de Data Warehouse, el más pequeño, pero también aquel cuyo crecimiento estimado es más fuerte. En respuesta a esta demanda, un cierto número de editores, que incluye a Bull, Hewlett Packard, IBM, Informix, Oracle, Platinum, SAS o Software AG, se han posicionado en este mercado. Sus soluciones responden a problemas como la gestión de los metadatos, la seguridad, la automatización completa de la fase de alimentación y la gestión de optimizaciones. Las oportunidades de mejora son numerosas. Es, pues, probable que aparezcan ofertas surgidas de pequeñas empresas innovadoras en este sector.

Los estándares para los metadatos

La demanda de los usuarios es también muy fuerte en el ámbito de los estándares, cuya ausencia es especialmente acuciante en lo que respecta a los metadatos. Cada herramienta utilizada, ya sea un entorno de diseño, una base de datos relacional o multidimensional o una herramienta de ayuda a la decisión, gestiona sus propios metadatos, sin mecanismo eficaz para sincronizarlos con los otros. La Metadata Coalition, que hemos citado ya en este libro, se ha creado para responder a esta necesidad. Parece que numerosos editores del mercado le dan su apoyo, pero se impone la prudencia: siempre es prestigioso para un editor ser miembro de una asociación de este tipo, pero es mucho más difícil aceptar sus trabajos e invertir para concretarlos en los pro-

Las primeras especificaciones de la Metadata Coalition se ratificaron en julio de 1996 por parte de los miembros de la organización. Editores como Carleton, ETI, IBM, o R&O han anunciado públicamente su intención de apoyar este estándar. Otros, como Business Objects, Cognos, Logic Works o SAS, harán un anuncio en este sentido durante el próximo año.

ductos. El mundo de los sistemas abiertos ha demostrado ya que este tipo de asociación puede fracasar. Es cierto que los primeros trabajos de esta coalición han sido acogidos con entusiasmo por los analistas, especialmente debido a su pragmatismo. Un fracaso de este organismo de estandarización beneficiaría ante todo a los editores cuya estrategia es proporcionar una solución completa, pero propietaria, para la implementación y el uso de un Data Warehouse. Su éxito favorece especialmente a aquellos cuya oferta debe integrarse con otras y más aún a los usuarios, cuyo trabajo de integración se vería simplificado.

Los programas de ayuda a la decisión

Son previsibles también diversas evoluciones en el ámbito de aplicaciones empaquetadas adaptadas a las problemáticas de la decisión. Este mercado es hoy naciente y la oferta a menudo se limita a actividades particulares (como las finanzas) o a sectores precisos (la gran distribución por ejemplo). Una cobertura más global de las necesidades de decisión de empresa debiera ser asumida progresivamente por programas de decisión de envergadura. Los principales actores del mundo de los productos integrados, como SAP, Oracle o Baan, empiezan a proponer componentes de decisión. Pero es poco probable que cubran todas las necesidades de la empresa. El Data Warehouse es contemplado normalmente como un medio para la empresa de diferenciarse de la competencia, en apoyo de una estrategia que valora sus especificidades, objetivo difícil de federar en un paquete. Habrá que esperar probablemente mucho tiempo antes de que la máxima «un Data Warehouse no se compra, se construye» quede caduca. Sin embargo, los paquetes de decisión deberían permitir progresivamente a las empresas concentrarse en la construcción de las partes más estratégicas de su sistema de decisión, basándose en paquetes para todos los demás ámbitos. El editor SAP, por ejemplo, dispone ya de una oferta en los ámbitos logísticos, financieros y para la gestión de recursos humanos.

Paralelamente a la aparición de las ofertas integrales, emergen soluciones que facilitan la extracción de datos surgidos de un paquete. El editor ETI, por ejemplo, propone interfaces de extracción de datos a partir de paquetes como SAP.

En la misma lógica, aparecen programas que permiten usar fácilmente los datos externos. Comshare propone agentes capaces de extraer y valorar informaciones provenientes de Reuter o del Dow Jones. Microstrategy, por su parte, ha firmado un acuerdo con Font Informatics, proveedor de datos en el sector farmacéutico, para facilitar la integración de estos datos en los de un Data Warehouse. Así, adquirir datos, sea cual sea su origen, debería convertirse con el tiempo en una tarea cada vez más simple en un plano técnico, permitiendo centrarse al máximo en los aspectos funcionales.

Adquirir datos, sea cual sea su origen, debería convertirse con el tiempo en una tarea cada vez más simple desde el punto de vista técnico.

LAS NUEVAS TECNOLOGÍAS EN EL HORIZONTE

Evolución del material y bajada de costes

Una de las palancas del Data Warehouse en el plano tecnológico ha sido la evolución del material y de los costes asociados. Es posible almacenar y acceder a volúmenes importantes a un coste razonable y, por tanto, implementar sistemas de decisión ambiciosos. Hoy, tras las arquitecturas de multiprocesadores simétricos, propuestos por todos los constructores, incluyendo a quienes persiguen el mercado de volumen, los *clusters* o los sistemas de 64 bits, están llamados a banalizarse. Esto se explica:

El constructor Bull por ejemplo, observa una mejora de rendimiento del 30 al 40% cada seis meses en su gama Escala.

- Por la demanda: los volúmenes de datos a gestionar por las empresas crecen a una velocidad fulgurante. Paralelamente, la disponibilidad continua de estos datos es cada vez más crítica
- Por la oferta: a un precio equivalente o más bajo, la potencia de cada uno de los componentes aumenta muy rápidamente.

Esta evolución, o más bien la confirmación de una tendencia que se observa desde hace varios años, es un acicate para las otras evoluciones que evocamos seguidamente. Primero, hace posible la oportunidad de gestionar más información en el sistema de decisión, como informaciones de tipo complejo. Luego, da los medios a las tecnologías evolucionadas de valoración y descubrimiento de la información de expresarse al máximo de sus posibilidades.

La gestión del contenido

En el ámbito de la gestión de informaciones de todo tipo, los sistemas de gestión de bases de datos evolucionan hacia la integración de las tecnologías relacionales y orientadas a objetos. Estos sistemas son relacionales, aptos para manipular la información de manera dinámica, y de conjuntos, lo que es indispensable en un contexto de decisión. Son orientados a objetos, lo que les aporta especialmente la extensibilidad. Esto permite adaptar el sistema al problema que debe tratar. Por ejemplo, *Illustra*, el SGBD extensible adquirido por Informix, propone extensiones destinadas a la gestión de fechas e intervalos de tiempo (*time series* en inglés), a los cálculos estadísticos, a la búsqueda por palabras clave en textos largos, a la búsqueda de formas en las imágenes, etc. También propone extensiones para dar a las aplicaciones cliente una visión multidimensional de los datos. Estas extensiones son propuestas por el propio editor, o bien por terceros fabricantes. Más que en sus funcionalidades, la originalidad de la aproximación se encuentra en la capacidad de los SGBD para adaptarse al contexto y a evolucionar con éste.

Una gestión eficaz, optimizada y personalizada de las fechas es esencial en un contexto de decisión; es uno de los valores añadidos muy concretos de una base de datos relacional orientada a objetos en este marco.

La valoración de la información

La empresa Mapinfo, por ejemplo, propone localizar automáticamente un punto en un mapa a partir de su dirección postal.

Son también previsibles evoluciones en el ámbito de la representación de los datos. El objetivo es presentar el resultado de consultas bajo una forma distinta de la simplemente textual, sin que esta representación sea definida de antemano de manera fija. Los sistemas de información geográfica empiezan a proponer esta funcionalidad. Paralelamente, muchos editores de herramientas de ayuda a la decisión integran la visualización por zona geográfica en su oferta, de manera más o menos sofisticada. Las aportaciones de este tipo de tecnología, como en los análisis demográficos, son un ejemplo del valor añadido que pueden aportar las técnicas de visualización para presentar de manera sintética un volumen importante de información.

En la misma lógica, aparecen sistemas de visualización avanzada. La visualización de datos es un eje de trabajo fundamental de numerosos laboratorios de investigación, que ven en esta tecnología una evolución considerable en el ámbito de las interfaces hombre/máquina. En un marco de decisión, se pueden esperar dos ejes de mejora:

- El eje «ergonómico». Una imagen, a condición de estar bien diseñada, puede contener más información que un texto, o incluso contener informaciones difíciles de traducir de manera textual. Para ilustrar este hecho, constatemos que la mayor parte de editores de herramientas de análisis multidimensional utilizan la imagen del cubo o de la pirámide para caracterizar su oferta. Al no poder usar las tecnologías de visualización, la implementación concreta de esta imagen en los productos es de hecho mucho menos natural tanto de diseñar como de manipular. La utilización de representaciones en 3D o de animaciones debería generalizarse en las herramientas de ayuda a la decisión.

- El eje navegacional. Respecto a una misma información, a menudo es necesario tener varios puntos de vista. Así, según los casos, uno podrá interesarse por una información aislada sin buscar una visión de conjunto, interesarse por ella respecto a un conjunto, o interesarse primero por un conjunto a fin de identificar los elementos que lo componen o los que se alejan de él. Para responder a estos diferentes tipos de necesidades, es interesante poder navegar en una representación visual de los datos. La realidad virtual responde potencialmente a esta expectativa.

La visualización de datos: conceptos aún poco explorados

Las técnicas de visualización hasta hoy prácticamente no se utilizan. Por ello, es importante distinguir el largo plazo del corto plazo, con ciertas tecnologías existentes hoy de manera concreta. Es difícil imaginar lo que serán las interfaces hombre-máquina dentro de diez años, pero es probable que diferirán considerablemente de las que nos resultan familiares hoy. Recordemos que el éxito de las interfaces gráficas depende estrechamente de la invención de la metáfora del escritorio, que sedujo inmediatamente a los usuarios porque contenía referencias a su vida cotidiana. Están por inventar nuevas metáforas.

Realizaciones que ya se han concretado

Por lo que se refiere al corto plazo, se han concretado ya avances importantes en el ámbito de la visualización de datos. Por ejemplo, Silicon Graphics dispone de herramientas que permiten acceder a los datos a través de vistas panorámicas. La información se presenta de manera jerárquica, en forma de un árbol que va del nivel general al nivel más detallado. Cada nodo del árbol representa uno o más indicadores, asociados a varias propiedades visuales (tamaño, color, otras referencias visuales). La herramienta permite así viajar al centro de la información y tener varios puntos de vsita sobre ella (vista panorámica de conjunto, vistas rasantes para identificar los valores «excepcionales», etc.). Esta tecnología es hoy operativa y su implementación está al alcance de todos.

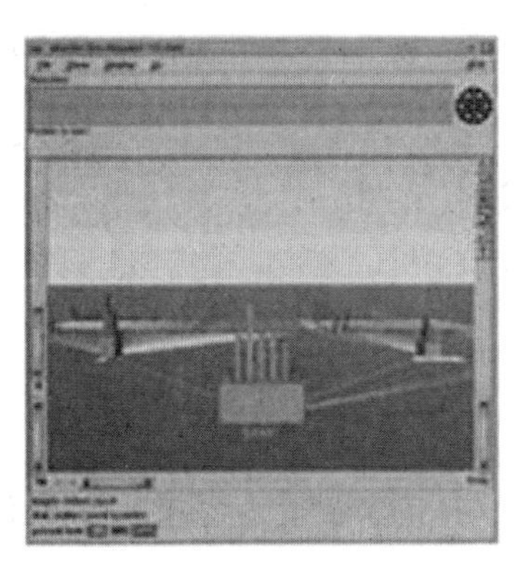

Figura 10.1 *Tree Visualizer*, una de las herramientas de visualización de Silicon Graphics.

Los agentes inteligentes

Los agentes inteligentes son también susceptibles de tener un impacto importante en la evolución de los sistemas de decisión. Un agente tiene el objetivo de actuar por cuenta de un usuario sin solicitar su intervención explícita. Se califica de inteligente si es capaz de aprender en función de eventos externos a su propio entorno. Por ejemplo, se adaptará al comportamiento del usuario o de la comunidad a la que está «vinculado». Para ser eficaz en la decisión, es indispensable una cierta forma de inteligencia, a fin de ir más allá de la simple recuperación de datos en bruto según instrucciones condicionales, de la simple automatización de tareas repetitivas. El agente inteligente debería ofrecer una capacidad mayor de anticipación, facilitar el descubrimiento de informaciones «excepcionales» o de oportunidades. Como para la visualización de datos, es necesario diferenciar lo concreto del más largo plazo; algunas de las evoluciones futuras están aún en estadio de investigación. A corto plazo, se propone un ejemplo de agente inteligente en el producto *Detect and Alert* de Comshare. A cada usuario se le presenta un diario personalizado, en el que aparecen las informaciones susceptibles de interesarle, que provienen del sistema de decisión, de herramientas de *groupware* como Lotus Notes, o del exterior, por ejemplo del Dow Jones.

INTERNET

Internet es un avance considerable por su capacidad de difundir información de todo tipo. El Data Warehouse innova por su capacidad de estructurar la información.

El Data Warehouse e Internet son probablemente las dos tendencias recientes que las empresas tendrán ocasión de usar cada vez más en los años venideros. Internet es un avance considerable por su capacidad de difundir información de todo tipo, con un coste de difusión extremadamente bajo. El Data Warehouse innova por su capacidad de estructurar la información, consolidarla y facilitar su uso con fines de decisión. Alrededor de un tema común (la información), la complementariedad de ambas tendencias es la razón por la que la utilización común de estas dos tecnologías se desarrollará con toda seguridad.

Explicaremos a continuación la complementariedad de las dos tecnologías, primero de Internet para las aplicaciones Data Warehouse, luego, en un segundo tiempo, del Data Warehouse para Internet.

Internet, medio complementario del Data Warehouse

En un plano técnico, implementar un sistema de decisión consiste ante todo en controlar la gestión de los flujos de datos. Existen flujos entrantes hacia el Data Warehouse para alimentarlo y flujos de salida hacia los usuarios para sus análisis. Para los flujos entrantes, Internet es un medio potencial fabuloso para la adquisición de datos externos. A medida que se desarrollen servicios en línea, estarán disponibles cada vez más informaciones, una gran parte de las cuales serán gratuitas. Integrarlas en un Data Warehouse les aportará evidentemente un valor añadido.

En cuanto a los flujos de salida, Internet puede aumentar potencialmente la audiencia de usuarios a los que se destina el sistema de decisión. En la empresa, la intranet permite facilitar el despliegue a gran escala del Data Warehouse e interesa a la vez a los usuarios móviles y los usuarios ocasionales. Para estos últimos, los costes de despliegue «clásicos» relacionados con la implementación de una arquitectura cliente/servidor pueden parecer difíciles de justificar financieramente y la calidad de servicio aportada por la intranet puede considerarse suficiente. Para el entorno de la empresa (proveedores, colaboradores, etc.), Internet es el medio más conómico para compartir un conjunto común de informaciones. El distribuidor estadounidense ShopKo Stores propone a sus proveedores el acceso a su Data Warehouse para analizar los hábitos de consumo de sus clientes. Veremos más adelante en este capítulo que más allá, es decir, para todos los clientes existentes y potenciales, la unión entre Internet y el Data Warehouse ofrece perspectivas sumamente interesantes.

El Data Warehouse, complemento de Internet

Según el Meta Group, la venta de informaciones representará en el futuro un mercado de 5 millardos de dólares.

Al contrario, el Data Warehouse debe considerarse también como un complemento natural de Internet. La explosión de la difusión de informaciones por Internet muestra los límites de las técnicas de búsqueda utilizadas en este medio. La información disponible en Internet está hoy muy desperdigada y poco estructurada. Tener, por ejemplo, una visión de conjunto de las informaciones referidas al tema «sistema de decisión» en Internet es casi imposible. Estructurar y facilitar la búsqueda de información en este medio se convierte en un mercado como tal. Aunque este tema se aleja un poco del contexto de los sistemas de ayuda a la decisión, está claro que los conceptos del Data Warehouse (la orientación al tema y a la integración) y las tecnologías que se refieren a él (como la navegación y la visualización de datos) están próximas. Ciertas sedes de búsqueda en Internet, como Lycos (www.lycos.com) y Yahoo (www.yahoo.com), son buenos ejemplos de esta evolución, que permiten efectuar búsquedas por jerarquía de temas y son capaces de calificar la información según lo reciente de su fecha, su forma, la calidad de su contenido, etc. El servicio INFOmédiaire que hemos desarrollado en el marco del Institut Prométhéus (www.prometheus.eds.fr), es también una ilustración de esta tendencia alrededor del tema de las nuevas tecnologías.

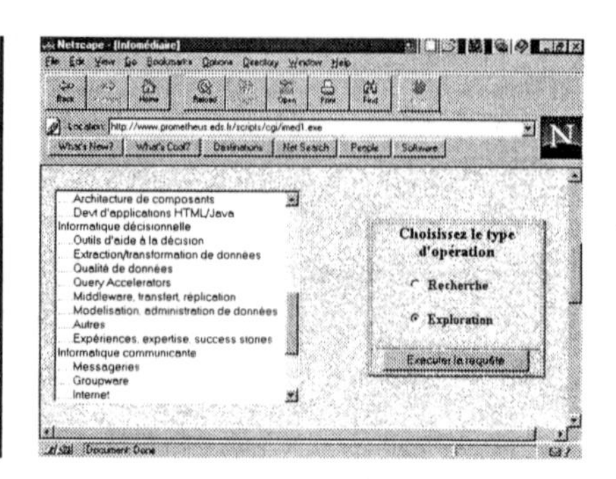

Figura 10.2
El servicio INFOmédiaire, para la búsqueda de información sobre las nuevas tecnologías.

EVOLUCIONES FUNCIONALES

Cada vez más aparece claramente como una evidencia que el Data Warehouse se implantará duraderamente en las empresas. Así, el Meta Group estima que en los próximos años, las empresas dedicarán como media el 35% de su presupuesto de informática a la implementación y el uso de sus sistemas de decisión.

Uno de los ámbitos donde el Data Warehouse tiene mayor impacto es la gestión de las relaciones de la empresa con sus clientes. Es probable que los sistemas informáticos sigan cada vez con mayor precisión los comportamientos de compra de cada cliente y utilicen la información para efectuar un seguimiento individual. Hoy, este tipo de aplicaciones no siempre resulta simple de implementar, porque a los sistemas de datos les falta información precisa, historiada y detallada de cada uno de sus clientes (algunos no tienen incluso ninguna información individual sobre éstos). Pero el desarrollo de tarjetas de crédito nominales ofrece puntos de entrada para recoger informaciones pertinentes sobre cada cliente.

Un distribuidor de libros o de discos podrá así proponer una página personalizada a cada uno de sus clientes. El usuario tendrá entonces acceso directo a la lista de apariciones susceptibles de interesarle. A partir de sus adquisiciones recientes y consolidadas por grupo de individuos cuyo perfil parece similar, el sistema orientará al cliente hacia la información correcta. Asimismo, el sistema podrá tenerle informado, por mensajería, de los eventos que afecten a sus autores favoritos o de los aniversarios cercanos de su familia, con –por qué no– algunas sugerencias de regalos.

El ejemplo anterior ilustra también una segunda tendencia. Para realizar este tipo de operación, se hace necesario integrar el sistema de decisión al sistema transaccional (que es, en el ejemplo, necesario para la recepción de pedidos). En este punto, las opiniones difieren. Algunos piensan que será necesario emparejar los dos sistemas físicamente. Otros piensan que, por el contrario, enlazar estos dos tipos de sistemas cuya arquitectura es totalmente distinta es una herejía. Piensan más bien en implementar arquitecturas distribuidas y compatibles para la comunicación entre estos dos sistemas. Esta última hipótesis parece mucho más razonable, tanto en el plano técnico como en el funcional, al menos a corto plazo.

En este ejemplo, el Data Warehouse no es ya el sistema aislado, destinado a los análisis que esta obra ha presentado. Se vuelve omnipresente, «universal», abierto a todos. Se encuentra en el centro del valor añadido propuesto a sus clientes por la empresa. En particular, el Data Warehouse se convierte en el elemento central del sistema de información orientado al cliente, concepto que empieza a dar que hablar en las empresas y en los medios, especialmente al otro lado del Atlántico.

Todas las tecnologías necesarias para la implementación de este tipo de sistemas son operativas o están próximas a serlo. Los aspectos legales, la ética de cada empresa y la necesidad de no excederse ante unos clientes deseosos de conservar su vida privada y su libertad serán los principales elementos que determinarán los límites a respetar. En un artículo dedicado a este tema, *Information Week* [CMP96] cita el ejemplo de un proveedor de información asaeteado por llamadas de consumidores para exigirle la supresión de información que los incluía en su base de datos. Ésta, comer-

La *Federal Trade Commision* estadounidense vela por los datos protegidos como informaciones relativas a los créditos, pero no por ejemplo el número de seguridad social.

cializada por el proveedor, contenía una cierta cantidad de información nominativa, incluyendo apellidos, la fecha de nacimiento, las tres últimas direcciones historiadas, así como el número de Seguridad Social. Almacenar este tipo de informaciones es actualmente legal, aunque se están definiendo reglas más estrictas en Estados Unidos. La empresa debió ceder parcialmente, sin embargo, a la presión del consumidor, retirando por ejemplo el número de Seguridad Social.

Es interesante constatar que la literatura especializada estadounidense que cita la informatización de la gestión de las relaciones con clientes utiliza el término de *customer intimacy*. La traducción de la palabra *intimacy* en el diccionario obvia todo comentario:

1. intimidad, familiaridad; 2. (Jurídico) relaciones carnales

11 Los principales actores del Data Warehouse en el ámbito del software

Editor	Posicionamiento
Adviseurs	Ayuda a la decisión
Andyne	Ayuda a la decisión
Angoss	Data Mining
Apertus	Alimentación (análisis de la calidad de los datos)
Arbor Software	Bases multidimensionales
Asymetrix	Ayuda a la decisión, entorno de diseño
Brio Technologies	Ayuda a la decisión
BMC	Administración de sistemas, bases de datos
Bull	Oferta integrada, material, administración y seguridad, referencial, *middleware*
Business Objects	Ayuda a la decisión
Carleton	Alimentación
CFI	Alimentación
Cognos	Ayuda a la decisión
Computer Associates	Bases de datos, *middleware*, administración de sistemas
Comshare	Ayuda a la decisión (multidimensional), paquetes
CSA	Entorno de diseño
Datamind	Data Mining
Evolutionary Technology	Extracción, alimentación
HP Open Warehouse	Oferta integrada, administración, gestion de metadatos
IBM	Oferta integrada, hardware, bases de datos, *middleware*, Data Mining...
Information Advantage	Ayuda a la decisión (ROLAP)
Information Builders	Middleware, alimentación, administración
Informix	Bases de datos, ayuda a la decisión (ROLAP), administración

Intersolv	*Middleware*, ayuda a la decisión, referencial
Isoft	Data Mining
Hyperion	Paquetes
Leonard's Logic	Alimentación
Microsoft	SGBD
Microstrategy	Ayuda a la decisión (ROLAP)
NCR	Bases de datos, hardware, oferta completa
Oracle	Bases de datos, ayuda a la decisión, bases de datos multidimensionales
Pilot	Ayuda a la decisión (multidimensional)
Planning Sciences	Ayuda a la decisión (multidimensional)
Platinum	Oferta completa, ayuda a la decisión, referencial, administración de SGBD
Praxis	*Middleware*, base de datos
Prism Solutions	Alimentación, referencial
Red Brick	Base de datos
R&O	Referencial
SAS	Oferta integrada, estadísticas
Silicon Graphics	Data Mining, visualización de datos
SLP	Estadísticas, Data Mining
Softlab	Referencial
Software AG	Oferta integrada, ayuda a la decisión, administración, *middleware*
Sopra	*Middleware*, transformación de datos
SPSS	Estadísticas, Data Mining
Sybase	Base de datos, ayuda a la decisión, entorno de diseño
Tandem	Base de datos, hardware
Thinking Machine	Data Mining
TM1	Base de datos (multidimensional)
Transtar	Referencial
Vality	Extracción (análisis de calidad de datos)

Glosario

Administrador de base de datos	*Database Administrator* o DBA. Experto técnico competente para uno (o varios) gestores de datos, capaz de escribir o de optimizar programas de extracción, de carga o de acceso en el lenguaje del motor de datos.
Administrador de datos	Experto en el negocio que conoce la semántica de los datos de la empresa y se encarga del referencial de datos. Por ello, es capaz de arbitrar los conflictos inherentes a la constitución de definiciones únicas de los objetos de negocio de la empresa.
Agregación	Partición horizontal de una relación según valores de atributos seguida de una reagrupación por una función de cálculo (suma, media, mínimo, máximo, cuenta).
Almacén de datos	*Cf.* Data Mart
Análisis	Operación consistente en estudiar y descomponer los datos a fin de extraer de ellos los elementos esenciales y obtener un esquema de conjunto.
Análisis discriminante	La técnica clásica de discriminación (*Fisher*) permite determinar gráficamente la línea que separa mejor dos clases de datos.
Árbol de decisión	Técnica visual que permite dividir los datos en grupos basados en los valores de variables. Permite determinar las variables significativas para una variable dada.
Catálogo	En ciertas herramientas clientes del Data Warehouse, estructura que permite al usuario trabajar sobre una vista lógica y orientada al negocio de los datos que desea ver.
Clasificación	Técnica para el Data Mining. Existen dos tipos de clasificación: ◆ clasificar elementos en clases conocidas (por ejemplo los buenos y malos clientes); se hablará también de aprendizaje supervisado; ◆ o bien agrupar los elementos que tienen componentes similares en clases, desconocidas al empezar; se hablará entonces de *clustering*, de segmentación o de aprendizaje no supervisado.

Cluster	Arquitectura de hardware que permite la cooperación de varias máquinas para una instancia de SGBD compartiendo los discos. Entorno de alta disponibilidad.
Clustering	*Cf.* clasificación
Data Mart	Base de datos orientada al tema puesta a disposición de los usuarios en un contexto de decisión descentralizado.
Data Mining	Conjunto de tecnologías avanzadas susceptibles de analizar la información de un Data Warehouse para obtener sus tendencias, para segmentar la información o para encontrar correlaciones en los datos.
Data Surfing	Posibilidad dada al usuario de navegar de manera ergonómica e intuitiva en un modelo multidimensional.
Data Warehouse	«Almacén de datos». Base de datos específica del mundo de la decisión destinada principalmente a analizar las palancas de negocio potenciales. Un Data Warehouse es (*fuente: Bill Inmon*): ◆ integrado; ◆ orientado al tema; ◆ y contiene datos no volátiles.
Data Warehousing	Proceso de implementación de un proyecto de Data Warehouse.
Datos vacíos	En una estructura multidimensional, los datos vacíos son intersecciones de dimensiones para las que un hecho no se ha producido (ej.: venta nula de producto *X* en la fecha *F*) o no está almacenado físicamente (ej.: no agregación física asociada a las ventas de productos por gama y por mes).
Descubrimiento de reglas	Proceso de exploración de una base de datos para descubrir reglas. Utiliza hipótesis, las prueba a través de consultas y estadísticas y luego las modifica en función de los resultados.
Detección de desviaciones	Herramientas que permiten detectar en un conjunto de datos las que presentan desviaciones respecto a las normas e indicadores de referencia descritos anteriormente.
Diario	*Log* en inglés. Estructura de almacenamiento particular que memoriza las modificaciones producidas en una base.
Dimensión	Eje de análisis asociado a los indicadores; corresponde normalmente a los temas de interés del Data Warehouse; ejemplo: dimensión temporal, dimensión cliente...

Dimensión (tabla de)	Tabla relacional que almacena físicamente una dimensión: los períodos, los clientes...
Drill Across	Mecanismo de navegación en una estructura multidimensional. Permite analizar una misma métrica por ejes de análisis diferentes (ej.: ventas por período y posteriormente por producto).
Drill down/Drill up	Mecanismo que permite desplazarse en una estructura multidimensional yendo de lo global hacia el detalle (*drill down*) o viceversa (*drill up*).
EIS *Executive*	Literalmente, «sistema de información de ejecutivos».
Escalabilidad	Capacidad de un sistema o de una aplicación para adaptarse a la evolución de un contexto técnico (aumento o disminución de la carga, del número de usuarios, etc).
Forecasting	Técnica consistente en prever el comportamiento de una variable respecto a sus actitudes pasadas.
Gramática	Gramática formal que permite describir la sintaxis de un lenguaje de programación (reglas + diccionario).
Hashing	Agrupación de líneas de una o más tablas según el resultado de una función aplicada sobre una o varias de sus columnas. Por ejemplo, la función «módulo 5» permitirá crear 5 subconjuntos de una tabla.
Hecho	Dato numérico que sirve de base para la definición de los indicadores en un modelo multidimensional. Atención, este término se utiliza en ocasiones en la literatura especializada para describir más generalmente cualquier indicador.
Heterogeneidad	Carácter de un sistema global que integra varios tipos de máquinas o de SGBD. En un mundo perfecto, el sistema heterogéneo, a menudo distribuido, debe ser transparente para el usuario a fin de integrar automáticamente los sistemas existentes de una empresa.
HTML *HyperText Markup Language*	Lenguaje de descripción de la estructura de un documento que puede contener texto, imágenes y enlaces de hipermedia. Los documentos escritos en HTML se guardan en un servidor Web y pueden ser mostrados e interpretados por una herramienta específica (navegador).

Indicador	Información que permite medir el rendimiento de una actividad cualquiera de la empresa (ventas, gestión de stocks...). Normalmente, esta información es numérica (ej.: cifra de negocio, cantidad en stock...).
Índice	Estructura anexa que apunta a los datos de una tabla a partir de los valores de una columna o un grupo de columnas de esa misma tabla y se utiliza para acelerar la búsqueda de los datos.
Índice binario	Tabla de bits que establece la correspondencia entre los índices de valor 1 y las filas de la tabla que contienen un valor dado en la columna indexada.
Infocentro operativo	Colección de datos destinados a la ayuda a la decisión orientados al tema, integrados, volátiles, actuales, organizados para dar apoyo a un proceso de decisión concreto, a una actividad concreta...
Information System	Entorno de constitución de informes que presentan de manera sintética y gráfica el rendimiento de una actividad (ej.: salud de una empresa, balance de ventas...).
Iniciativa	Proyecto de decisión que entra en juego en la construcción de un Data Warehouse en un método iterativo.
Integridad	Conjunto de restricciones aplicadas a las actualizaciones de una base de datos para garantizar su coherencia.
Metabase	Conjunto de tablas de sistema utilizadas por los SGBD para almacenar la descripción de los objetos de usuario (tablas, vistas, derechos, procedimientos...) de una base.
Metadata Coalition	Grupo de trabajo formado en octubre de 1995, cuyo objetivo es crear estándares para permitir compartir e intercambiar metadatos entre las herramientas del Data Warehouse.
Metadato	Información que describe un dato. En un contexto de Data Warehouse, cualifica un dato precisando por ejemplo su semántica, las reglas de gestión asociadas, su fuente, su formato, etc.
Métrica	Indicador. Entre los indicadores pertinentes, algunos distinguen los hechos, almacenados físicamente en la base de decisión, de las métricas, derivadas de estos hechos.

Middleware	Herramienta de software de conectividad: en un contexto de decisión, se sitúa entre las herramientas de ayuda a la decisión y la base de datos de decisión. Un buen *middleware* permite conservar la independencia de estos dos tipos de componentes.
Modelo de datos	Esquema de una base. El modelo describe las tablas, los atributos, las claves, las restricciones de integridad. El modelo relacional describe tablas de dos dimensiones (fila y columna). El modelo multidimensional no limita el almacenamiento de los datos en el espacio.
Modelo dimensional (o multidimensional)	Técnica de modelado consistente en modelar una base de decisión a partir de la identificación de los hechos a analizar y las dimensiones de análisis asociadas.
Modelo en estrella	Técnica de modelado dimensional, consistente en distinguir físicamente las tablas de hechos de las tablas de dimensiones. La tabla de hechos se coloca en el centro del modelo, las tablas de dimensiones gravitan alrededor. Este modelo representa visualmente una estrella.
Modelo en copo	Técnica de modelado dimensional, derivada del modelado en estrella. En este modelo, las tablas de dimensiones están desnormalizadas, es decir, desprovistas de redundancias.
Modelo relacional	Técnica de modelado consistente en descomponer una base de datos en entidades y relaciones correlacionando estas entidades.
MOLAP *Multidimensional On Line Analytical Processing*	*Cf.* OLAP
MPP *Massively Parallel Processing*	Arquitectura de hardware que hace colaborar a varios procesadores (hasta centenares) contando cada uno con su propia memoria.
Muestra	Conjunto de datos sacado, aleatoriamente o no, del Data Warehouse y que permite efectuar diferentes pruebas y búsquedas sobre volúmenes restringidos.
Multidimensional (SGBD)	Caracteriza una base de datos dedicada a la decisión, almacenando los datos en forma de una tabla multidimensional. Estos SGBD son una alternativa a los SGBD relacionales. Véase también SIAD.

OLAP *On Line Analytical Processing*	Caracteriza la arquitectura necesaria para implementar un sistema de información de decisión. Se opone a OLTP. El término OLAP designa a menudo las herramientas de análisis basadas en bases de datos multidimensionales. Se habla entonces también de herramientas MOLAP, por oposición a las herramientas ROLAP.
OLE *Object Linking and Embedding* «Enlace y vinculación de objetos»	Protocolo de Microsoft que permite la creación de documentos compuestos, es decir, constituidos por un conjunto de subdocumentos gestionados por aplicaciones heterogéneas. Esta comunicación interaplicaciones también puede programarse mediante llamadas de servicios (OLE Automation).
OLTP *On Line Transactionnel Processing*	Tipo de entorno de tratamiento de la información en el que debe darse una respuesta en un tiempo aceptable y consistente.
Optimizador	Componente del SGBD encargado de elegir los caminos de acceso a las tablas (índice), el orden de ejecución de las operaciones algebraicas elementales (restricción, proyección, unión, ordenación...) y el algoritmo que efectúa estas últimas.
Pipelining	Método de transferencia de resultados de una operación a otra tan pronto como éstos están disponibles y no solamente al final de la primera operación.
Producto cartesiano	Algoritmo de unión que hace corresponder todas las filas de una tabla con todas las filas de otra tabla. En el caso de que una tabla posea N filas y la otra tabla posea M filas, el resultado del producto cartesiano será de N x M filas.
RAD *Rapid Application Development*	Método de implementación iterativa para el desarrollo rápido de aplicaciones. Se basa en una implicación regular de los usuarios durante todo el ciclo de desarrollo. Este método fue ideado por James Martin.
Red neuronal	Proceso opaco que permite, a partir de variables de entrada, descubrir el valor de una o más variables distintas. Una red neuronal tiene como característica la capacidad de aprender y aprovechar su experiencia para ajustar el modelo encontrado en función, por ejemplo, de la llegada de nuevos elementos.

Referencial	Estructura de almacenamiento de metadatos. Un referencial federa los metadatos, contrariamente a los catálogos, que son en general específicos de cada herramienta. Se distingue el *Data Warehouse Repository*, que federa los metadatos de la base de decisión, del *Enterprise Repository*, que incluye en teoría todos los metadatos de la empresa, tanto transaccionales como de decisión.
Replicación	Mecanismo de copia de datos de una base a otra u otras varias, generalmente situadas en uno o más servidores distintos, en ocasiones en un medio heterogéneo. Los SGBD proponen mecanismos de replicación transparentes y automáticos.
ROLAP *Relational On Line Analytical Processing*	Caracteriza la arquitectura necesaria para la implementación de un sistema multidimensional basado en las tecnologías relacionales.
Scalability	*Cf.* escalabilidad.
Segmentación	*Cf.* clasificación.
SIAD Sistema Interactivo de Ayuda a la Decisión	Entorno que permite almacenar y estructurar la información de decisión. Este término designa a menudo las bases de datos multidimensionales. La llegada de los conceptos del Data Warehouse ha hecho disminuir la importancia de este término, que se refiere específicamente a una tecnología específica (y que no tiene equivalente en inglés).
SMP *Symetric Multi Processing*	Arquitectura de hardware que hace colaborar varios procesadores (unas decenas) en una sola memoria compartida.
Sponsor	Individuo o grupo de individuos cuya función es obtener la adhesión y la implicación de todos los actores afectados por la implementación del Data Warehouse. Debe promover el proyecto y garantizar la sinergia entre los usuarios y los equipos informáticos. También debe gestionar los eventuales problemas políticos que la implementación de estos sistemas puede engendrar.
Sponsorship	Actividad orientada a gestionar la promoción del Data Warehouse y a garantizar la adecuación del sistema informático a los objetivos de la empresa. Véase también Sponsor.

Striping	Técnica de software o de hardware para partir los datos en diferentes discos para acelerar su escritura y lectura mediante el paralelismo de las entradas/salidas.
Unión	Acercamiento entre dos tablas por comparación de valores sobre la base de un atributo común.
Variable	Los datos estudiados en un Data Warehouse por una herramienta de Data Mining se descomponen en filas y columnas. Cada una de las columnas representa una variable, una propiedad de los elementos considerados.

Bibliografía

Casetes

[DWHFEa] EDS, ETI, ORACLE, SIEMENS NIXDORF.- *Data Warehouse, Cassette Forum Entreprise 1996.*

Data Warehouse Institute

[DWHInsta] *The Data Warehousing Institute Select Survey Results 1995-1996.* Estudio basado en 6.214 respuestas.

[DWHInstb] Alan Paller.- *Ten Mistakes to Avoid for Data Warehousing Managers,* Data Warehouse Institute.

[HAIS96] David W. Skeels.- Retail Wars: A Data Warehouse Can Be a Powerful Weapon, *Journal of Data Warehousing,* julio de 1996.

[LOV96] Bruce Love.- Strategic DSS Data Warehouse: A Case Study in Failure, *Journal of Data Warehousing,* julio de 1996.

[SKE96] Michael Haisten.- A History of Access and Analysis Tools, *Journal of Data Warehousing,* julio de 1996.

Instituto Prométhéus de EDS

SGBD Relationnels, abril 1996.

Outils pour l'alimentation des bases décisionnelles, febrero de 1996.

[IPRModel] *Modélisation des bases décisionnelles,* marzo de 1996.

Outils clients du Data Warehouse, abril 1996.

[IPRBddec] *Techniques de gestion des bases décisionnelles,* mayo 1996.

Concepts et techniques appliqués au Data Mining, mayo 1996.

Obras, prensa

[CMP96] Dangerous Data – linking your data warehouse to the Web can bring in billions of dollars - and violate your customers' privacy, *Information Week,* 30 de septiembre de 1996.

[HAC95] Richard Hackathorn.- *Data Warehouse Energizes your Enterprise,* Datamation, febrero de 1995.

[FGR91a] Frédéric Georges Roux.- *Infocentre pourquoi ? comment ?* Eyrolles, 1991.

[Gardarin92] Georges Gardarin.- *Maîtriser les bases de données : modèles et langages,* Eyrolles, 1992.

[Inmon94] W.H. Inmon & Richard D. Hackathorn.- *Using the Data Warehouse,* Wiley-QED Publication, 1994.

[Kimball96] R. Kimball.- *The Data Warehouse Toolkit. Practical Techniques for Building Dimensional Data Warehouses,* Wiley Computer Publishing, 1996.

[Mar91] James Martin - *Rapid Application Development* - Prentice Hall, 1991.

[MATIS96] R. Mattison.- *Data Warehousing, Strategies, Technologies and Techniques,* McGraw-Hill, 1996.

Serge Miranda, Anne Ruols.- *Client/Serveur,* Eyrolles, 1994.

Libros blancos

IDC - IDC *Study on the Financial Impact of a Data Warehouse.* Estudio respaldado por Andersen Consulting, Digital, Dun & Bradstreet Software & Pilot Software, EMC, Hewlett Packard, IBM, Informix, KPMG Peat Marwick, Microsoft, NCR, Oracle, Prism, Pyramid, SAP, SAS, SGI, Software AG, Sun, Sybase, Unisys. Difundido por sus sponsors y disponible en Internet en la dirección:
http://direct.boulder.ibm.com/dss/solution/idc.html.

EDS - *Data Warehouse Primer,* enero de 1995.

EDS - *Knowledge IQ,* enero de 1995.

EDS - *Data Mining,* enero de 1995.

ETI - *Anticipating the Cost of Maintenance,* julio de 1995.

ETI - *The Importance of Metadata in Reducing the Cost of Change,* mayo de 1995.

ETI - *Managing Heterogenous Data Environnments,* mayo de 1995.

Prism Solutions - *Loading into the Warehouse, de* 1995

Red Brick - *A Primer for Information Technology and Business Management,* junio de 1995.

Software AG - *The Decision-Makers Goldmine : the Data Warehouse* - Publirreportaje aparecido en Datamation, 15 de marzo de 1995.

Sybase - *Sybase IQ,* 1995.

En Internet

La lista siguiente no es exhaustiva. Hemos dado prioridad al contenido no directamente relacionado con las ofertas comerciales y obviado deliberadamente de esta lista las sedes conocidas por todos, como por ejemplo las de los grandes editores de bases de datos o de los constructores.

http://www.prometheus.eds.fr/ - El servicio en línea del Instituto Prométhéus de EDS, ¡pero nos esforzamos en hacer que sea también el suyo! Este servicio propone, por ejemplo, la base de direcciones INFOmédiaire, que contiene cerca de mil referencias a documentos o sedes WEB y de donde se han extraído todas las direcciones siguientes. Contiene también extractos de estudios, artículos, etc.

http://www.tekptnr.com/tpi/tdwi/ - El Data Warehouse Institute es una asociación temática especializada en el Data Warehouse. Recoge más de 2.000 adheridos en 40 países. Su servicio en línea está por ver.

http://pwp.starnetinc.com/larryg/index.html - La base de conocimientos de Larry Greenfield. ¡Visite esta sede, es adictiva!

http://www.dbmsmag.com/ - *DBMS* es la revista especializada en los SGBD, el Data Warehouse, el desarrollo de aplicaciones, etc.

http://www.datamation.com - Web del periódico estadounidense *Datamation*, que ha publicado artículos fundamentales sobre el tema.

http://www.informatiques.com/ - *Informatiques Magazine* es sin duda la publicación francesa que ha publicado más artículos de fondo sobre el Data Warehouse y las tecnologías relacionadas.

http://www.dbintellect.com/ - DBIntellect es el equipo de EDS especializado en la implementación de bases de datos de márketing. ¡Hay que visitarlo, en particular por los libros blancos y los *benchmarks*!

http://www.singnet.com.sg/~cfirth/dataquality/dq1.htm - Chris Firth está especializado en la administración de datos. Su *home page* contiene un conjunto de informaciones sobre este tema y punteros a sedes WEB de editores u organizaciones de estandarización.

http://www.access.digex.net/~grimes/olap/olap.html - Diversas informaciones y punteros sobre el tema OLAP.

http://www.olapcouncil.org - Servidor del consejo OLAP, organismo de estandarización sobre el tema.

http://clever.net/dbd/olap - Servicio en línea especializado en el tema OLAP.

http://www.arborsoft.com - El servicio en línea de Arbor Software, editor del motor de base de datos multidimensional *Essbase*. Alberga también el servicio de la Metadata Coalition.

http://www.strategy.com - El servicio propuesto por el editor de la gama de herramientas DSS (*DSS Agent*, *DSS Server*, *EIS*)... Numerosas informaciones y foros sobre el Data Warehouse en general y ROLAP en particular.

http://www.sagus.com/ o *http://www.softwareag.com* - El servicio en línea de Software AG.

http://www.sas.com/ - El servicio en línea del editor SAS.

http://www.platinum.com/ - El servicio en línea de Platinum, editor cuyo objetivo es cubrir todas las problemáticas del Data Warehouse y de su administración.

http://www.redbrick.com/ - Editor del SGBD del mismo nombre, especializado en la ayuda a la decisión.

http://www.infoadvan.com/ - El servicio del editor de la herramienta *Information Advantage*; visítelo, especialmente por sus libros blancos, en particular los dedicados a la asociación entre el Data Warehouse e Internet.

http://www.cwi.nl/cwi/projects/datamining.html - Páginas independientes de todo proveedor especializadas en el tema del Data Mining.

http://www.cs.bham.ac.uk/~anp/TheDataMine.html - Base de conocimientos especializada en el Data Mining.

http://www.slp.fr/sol/sol.htm - Foro sobre las estadísticas propuesto por el editor SLP.

http://www.evtech.com - Servidor de Evolutionary Technologies Inc., editor del entorno de migración de datos Extract Suite. Sus libros blancos son de lectura obligada.

http://www.prismsolutions.com - El servicio de la empresa de Bill Inmon, especializada en la problemática de implementación del Data Warehouse.

Este libro ha sido realizado por Charles Biro, Véronique Brasseur, Jean-Michel Franco, Sandrine de Lignerolles, Minh Son N'Guyen, Fabrice Pasquer y Jérôme Troubat, sobre la base del seminario «Data Warehouse y Data Mining» del Instituto Prométhéus de EDS.

El Instituto Prométhéus de EDS tiene como misión ayudar a las empresas a sacar partido de las nuevas tecnologías. Ejerce sus actividades en el ámbito de la formación (seminarios de estado del arte), la documentación (estudios comparativos de las tecnologías del mercado) o de la asesoría personalizada. Trata los temas siguientes: infraestructura cliente/servidor, desarrollo de aplicaciones cliente/servidor, data warehouse, data mining y sistemas de decisión, e informática de comunicación, groupware e Internet.

El Instituto Prométhéus ha participado también en la creación de la oferta INFOpertinence de EDS, constituida por un equipo y una metodología dedicados a la implementación de sistemas de información de decisión en la empresa.

Otros títulos de interés

Dominar las Bases de Datos, 350 págs., Georges Gardarin

INTERNET, la.guía más fácil, 180 págs., Jordi Guim

El Proyecto Groupware, 260 págs., Mélissa Saadoun

INTRANET: Cliente-Servidor Universal, 216 págs., Alain Lefebvre

El proyecto INTRANET, 266 págs., Olivier Andrieu

Telefonía en INTERNET, 290 págs., Jean-F. Susbielle

Corba, ActiveX y JavaBeans, 224 págs., Jean-Marie Chauvet

INTERNET... Una via al futuro, 168 págs., C. Huitema

Photoshop 3 (incluye CD-ROM), 410 págs., Pierre Labbe

Quark X Press 3.3, 340 págs., Pierre Labbe

Los Recursos del Mac (2 tomos de 360 págs. e incluyen disquete), P. Curcio

DELPHI... programación windows (incluye disquete), 398 págs., L. Dubois

DELPHI 2 (incluye disquete), 612 págs., Ludovic Dubois

Programación JAVA, 240 págs., J.-F.Macary - C. Nicolas

CGI / Perl y JavaScript (incluye disquete), 288 págs., Isaac Cohen

HTML y la programación de servidores WEB, 264 págs., Chaleat - Charnay

Visual Basic 4 (incluye disquete), 420 págs., Bernard Coydon

Administración UNIX; redes TCP/IP, 360 págs., J.L. Montagnier

Las Redes de empresa, 216 págs., P.Gómez- P.Bichon

Redes ATM (Asynchronous Transfer Mode), 126 págs., Boisseau y otros

OBJETOS; Conceptos-Método -Herramientas, 336 págs., Gardarin y otros

Dirección de Proyectos Informáticos, 200 págs, Jacques Gonin

------------- Solicite nuestro Catálogo de publicaciones --------------

DOMINAR LAS BASES DE DATOS, Modelos y lenguajes

A: ***Georges Gardarin*** **F: 16x24** **P: 348** 
ISBN: 848088044

COLECCIÓN EYROLLES
Todo tratamiento de la información pasa, hoy día, por las bases de datos. Pc ello, no pueden desconocerse los principios, las técnicas de representación los lenguajes, para despejar interrogantes y estar al día. Este libro ofrece ur síntesis didáctica y completa de modelos de bases de datos y sus lenguaje asociados, dividido en siete capítulos. La obra se dirige a toda persona deseos de comprender las utilidades que ofrecen los sistemas de bases de dato usuarios y programadores, estudiantes e investigadores.
ÍNDICE: Arquitectura de los sistemas de bases de datos, incluyendo la arquitecturas cliente-servidor y federados. Métodos de acceso a los dat almacenados en los ficheros. Modelos en red y jerárquico. Modelo relacional operadores relacionales. Lenguajes SQL y extensiones SQL2/3. Acercamien al objeto y lenguajes de objetos persistentes. Acercamiento deductivo basad sobre la lógica y la inferencia.

LAS REDES DE EMPRESA

A: ***Philippe Gómez - Pierre Bichon*** **F: 16x24** **P: 216**
ISBN: 84808804

COLECCIÓN EYROLLES
El deseo de todo usuario, sea especialista informático o no, está en compren mejor el funcionamiento de una red local de empresa y en conocer evolución de su tecnología. Este libro ofrece al lector una visión general de: componentes físicos de la red local, su sistema de explotación, los diver elementos de interconexión, los concentradores y los Hubs, las aplicacio concretas en la empresa, las perspectivas de evolución,... Es una sínt práctica que ayuda a entrar en la era de las nuevas telecomunicaciones.
ÍNDICE: De la red local a la red de empresa. Los componentes físicos de la local. Sistema de explotación de una red local. La interconexión de las rec Los concentradores y los Hubs. La administración de la red. Las aplicacio de redes locales. Ejemplos de redes de empresa.

L PROYECTO INTRANET

A: *Alin - Lafont - Macary* F: 17x24 P: 260 ISBN: 8480881712

Tras haber inducido una nueva forma de comunicación externa, la tecnología y la cultura Internet irrumpen ahora en el mismo centro del sistema de información de la empresa.

Flexible para adaptarse a todo tipo de empresas, la intranet permite desplegar rápidamente aplicaciones de tipo cliente-servidor o groupware, hasta ahora difíciles y costosas de implementar. Todos los usuarios pueden acceder a las bases de información de la empresa, intercambiar mensajes y archivos, participar en foros de discusión o videoconferencias, mediante una aplicación simple y universal: el navegador Web.

Más allá de los aspectos técnicos, la implementación de una solución intranet entraña una reorganización importante de los flujos de información en la empresa. Es pues una elección estratégica que implica a todos los componentes de la empresa.

NOVEDAD

PROYECTO GROUPWARE

M. Saadoun F: 17x23 P: 264 ISBN: 8480881534

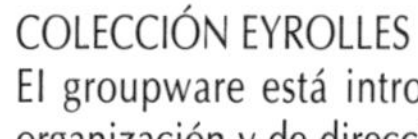

COLECCIÓN EYROLLES

El groupware está introduciendo por medio de la informática, formas de organización y de dirección originales. Abre nuevas perspectivas a los equipos que desean trabajar de un modo distinto para reducir las tradicionales restricciones de distancia y tiempo.

¿Cómo conseguir la introducción con éxito de esta nueva organización del trabajo? ¿Cómo integrar estas nuevas herramientas de información y comunicación en los sistemas de información existentes? ¿Cómo beneficiarse en las tareas cotidianas y de modo óptimo? En pocas palabras, ¿cómo tener éxito en un proyecto groupware?

El proyecto groupware expone en la primera parte un método pragmático a través del estudio de tres casos.

Tras haber presentado las "tres reglas de oro" de un proyecto groupware, la autora presenta, paso a paso, los puntos claves de un método global que integra todas las dimensiones humanas, organizativas y tecnológicas de un proyecto de esta naturaleza.

NOVEDAD